(Couverture)

POÈMES AZTÈQUES

7389

PAR

AUG. GÉNIN

PAUL DE SÉMANT

7389

POÈMES AZTÈQUES

POÈMES AZTÈQUES

PAR

AUGUSTE GÉNIN

1884-1889

LETTRE-PRÉFACE DE CLOVIS HUGUES

PARIS

LIBRAIRIE FISCHBACHER

(SOCIÉTÉ ANONYME)

33, RUE DE SEINE, 33

1890

STRASBOURG, TYPOGRAPHIE DE G. FISCHBACH

A LA MÉMOIRE DE MON PÈRE

ALEXIS GÉNIN

MORT EN MER LE 23 OCTOBRE 1879

Je dédie ce livre.

Auguste GÉNIN

Paris, 1889.

LETTRE-PRÉFACE

A Monsieur Auguste Génin

Mon cher poète,

Vous avez écrit un livre sincère, parce que vous êtes encore à l'âge où l'on porte pour ainsi dire sa foi à bras tendus.

Vous avez fait mieux: vous avez fleuri de poésie votre enthousiaste sincérité.

Sur cette terre mexicaine où vous êtes né

français par votre famille et poète par votre imagination, vous avez cueilli l'antique légende avec une curiosité mêlée de haute rêverie, tout comme si vous étiez le descendant de ces Aztèques amoureux d'aventures, qui adoraient le dieu Mexitli au pied du grand temple de Ténuchtitlan.

La légende n'est pas seulement en effet la poésie d'une race: elle est la race elle-même. C'est elle qui balbutie l'étonnement ou l'effroi sur les lèvres de l'homme primitif, tour à tour adopté et repoussé par la nature. Elle est dans le dogme, elle est dans l'âme, elle est dans le sang. Elle fait enfanter Adam par Adima, Satan par Vasouki, la vierge Marie par la vierge Devanaguy, le Christ de la Judée par le Christna de l'Inde. Elle donne à la parabole sacerdotale l'élargissement de la parabole géométrique, en la ressuscitant dans l'Évangile après l'avoir déposée dans l'œuvre du divin maître d'Adjourna. Elle émigre avec Moïse, et elle s'appelle l'Arche d'alliance; elle émigre avec les Aztèques, et elle s'appelle Huitzilipochtli.

Vous nous l'avez montrée sous ses deux formes essentielles, la forme religieuse et la forme guerrière. Mais vous nous l'avez montrée dans un pays où notre civilisation s'est à un moment souffletée elle-même, sous la poussée d'on ne sait quelles monstrueuses ambitions dynastiques; et ce n'est pas uniquement la poésie et la science que vous avez servies : vous avez aussi servi l'humanité.

Entre toutes les langues étrangères, le Mexique parle plus volontiers notre langue. Entre toutes les légendes, vous avez choisi celle du Mexique. C'est là un noble échange de fraternité artistique et nationale.

Continuez votre œuvre. Tous ceux qui sont pour l'immense solidarité humaine vous applaudiront.

Bien à vous,
CLOVIS HUGUES.

A MON PÈRE.

Père, voilà neuf ans que tu dors sous les flots,
Bercé par l'Océan aux éternels sanglots,
      Dans ton froid linceul d'algues vertes ;
Sous les lames d'azur aux larges plis mouvants
Qu'agitent sans répit la marée et les vents,
      Tu dors, les paupières ouvertes.

Que de récifs ont dû te heurter, te meurtrir,
Depuis l'heure fatale où je te vis mourir
      Au large des îles Açores !

A mon Père.

Dans mes rêves, parfois, tu passes, emporté
Par les courants traînant ton corps déchiqueté
    Sur les pointes des madrépores.....

Le flot te jette au flot ; tu les suis, pauvre mort,
En cherchant vainement une paisible grève,
Où tu puisses dormir sans que l'eau te soulève
    Et te mène à quelque autre bord.....

    *

Nuit de deuil et d'horreur ! Dans l'étroite cabine,
J'interrogeais ton cœur, la main sur ta poitrine,
    Priant et pleurant à genoux ;
Tes yeux, qui se tournaient déjà vers l'autre monde,
Cherchaient à mes côtés plus d'une tête blonde
    Hélas ! alors, bien loin de nous.....

Je te vis expirer..... dans ton dernier délire
Celle qui, vingt-deux ans, sourit de ton sourire
    Et mêla ses pleurs à tes pleurs,
Ma Mère, t'apparut, apaisant ta souffrance ;
Ta bouche bégaya dans la suprême transe
    Son nom et le nom de mes sœurs.

Elles nous attendaient ; seul, je touchai la plage ;
Et ma Mère, voyant ses beaux jours révolus,
Nous cachant ses douleurs, dès lors ne vécut plus
      Que pour ses enfants en bas âge.

*

Tes orphelins pensifs, tes amis en grand deuil,
Ne t'ont pas étendu dans le sombre cercueil
      Qu'on accompagne au cimetière ;
A l'heure du trépas nul ne vint te veiller,
Et ta veuve ne peut aller s'agenouiller
      Au champ des morts, sur quelque pierre.

Ta tombe c'est la mer, la mer pleine de nuit ;
Ta lampe sépulcrale est l'étoile qui luit
      Si douce au zénith sans nuages ;
Et la fleur qui sur toi s'ouvre en toute saison
C'est l'écume des flots, légère floraison
      Des ouragans et des sillages.

Pourquoi Dieu t'a-t-il pris à notre amour? Pourquoi
Voulut-il donc briser par ta mort notre vie ?
Nous semblons posséder des biens que l'on envie,
      Hélas ! tout nous manque avec toi !

A mon Père.

Ta veuve est encor veuve et sa douleur austère
N'a pas même l'espoir de songer que la terre,
      Un jour, vous pourra réunir :
Vous serez séparés dans la mort, ô détresse !
Vous qui ne faisiez qu'un, ô cœurs dont la tendresse
      Semblait avoir tant d'avenir.

J'ai mis ton nom, mon Père, au fronton de ce livre,
Fruit d'un travail ardu, qu'en souriant je livre
      Au public sévère ou clément.
Qu'importe le succès ; je n'attends pas la gloire !
Tu n'as point de tombeau, j'élève à ta mémoire
      Ce pauvre et fruste monument.

O livre ! va chercher le port ou le naufrage ;
Je te jette au hasard, ton but sera rempli
Si Dieu veut préserver de l'éternel oubli
      Le nom gravé sur cette page.....

A bord de l'Alaska — 1888.

AVANT-PROPOS

L'histoire des premiers habitants du Nouveau-Monde se perd dans la nuit des temps.

L'Amérique a-t-elle possédé des races aborigènes ? Oui, sans doute. Mais, quelles races ? A quelle époque ont-elles existé ? Comment se sont-elles éteintes ? On ne saurait le dire.

Bien des savants ont étudié cette question, ont édifié et soutenu un système quelconque, d'autres les ont combattus; personne encore n'a déchiffré l'énigme et, peut-être, ne trouvera-t-elle jamais d'Œdipe.

Les traditions et les légendes citent des avalanches humaines venues de l'Est et de l'Ouest et se dirigeant rapidement ou insensiblement vers le Sud; le fait est évident, incontestable; mais, de quels pays sortaient ces voyageurs? Pourquoi, et à quelle époque entreprirent-ils leurs voyages? Voilà des points d'interrogation auxquels il est encore impossible de répondre avec certitude.

Les historiens, les ethnographes, avancent des propositions plus ou moins plausibles, plus ou moins étayées de preuves, mais ces preuves même sont discutables.

Les uns parlent d'immigrations asiatiques venues par le détroit de Behring; d'autres, supposent que des nefs égarées, des trirèmes carthaginoises, des barques islandaises, arrêtées par le continent américain qui, presque sans interruption, s'étend du pôle nord au pôle sud, en ont amené la découverte; d'autres, encore, croient qu'une île immense existait en des temps lointains entre l'ancien et le nouveau monde; un cataclysme — peut-être un déluge partiel — en chassa les habitants, qui s'enfuirent vers les continents voisins, notamment vers l'Amérique ; puis l'île disparut sous les flots et aux lieux où elle existait s'étendit la mer des Sargasses dans l'océan Atlantique. Cette île aurait été la mystérieuse Atlantide entrevue par Platon [1].

Tout cela est possible ; aucune de ces éventualités n'exclut les autres.

Pour nous, après avoir lu les dissertations du savant archéologue mexicain Alfredo Chavero [2], l'existence de l'Atlantide et l'émigration de ses habitants vers l'Amérique ne font aucun doute. A d'autres de discuter ses arguments ; rentrer dans plus de détails nous forcerait à dépasser les limites de cette préface.

Qu'il nous suffise de savoir que le Nouveau-Monde a eu très probablement une population autochtone ; que des émigrants l'ont envahi à différentes époques ; que les races émigrées se sont mêlées aux aborigènes ; qu'elles se sont étendues, divisées, puis éteintes ; en laissant sur leur passage ces admirables édifices, palais,

---

[1] Dialogues de Platon (Timée, Critias).
[2] Mexico à travès de los Siglos (Vol. I, chap. I).

pyramides, tombeaux, dont les ruines — dans toute l'Amérique, mais surtout au Mexique — attestent l'existence d'une civilisation préhistorique originale et parvenue à une haute perfection.

Les races primitives du Mexique sont ignorées; celles qui les suivirent sur la route du passé ne sont guère plus connues. Nous savons leurs noms, tout au moins: Parmi elles se trouvent les Otomis, peuple rude de chasseurs, les Mazahuas, les Mayas, à qui on doit sans doute les palais de Palenqué, d'Itzamal, de Chichen-Itza; les Mixtèques, les Zapotèques dont les fils peuplent encore les vallées de l'Oaxaca et du Guerrero; les Nahoas, dont les Xicalanques sont un rameau; puis, enfin, les Toltèques, nation industrieuse qui parvint à un degré de civilisation tout à fait remarquable.

Les plus jeunes races, les Chichimèques et les Aztèques ou Mexis, héritèrent en partie de la civilisation toltèque. Avec leur arrivée au cœur du Mexique, — l'Anahuac (pays des lacs), — commencent les temps historiques.

C'est des Aztèques que nous nous occupons

surtout en ces Poèmes, il convient donc de parler d'eux un peu plus longuement.

Les Aztèques, selon toute apparence, ont dû faire partie par leurs ascendants de l'une des grandes immigrations dont nous avons précédemment fait mention ; celle des Nahoas, sans doute.

Leur arrivée dans le Nouveau-Monde, leurs fluctuations, leurs changements de résidence, constituent une première partie de leur histoire, qui est totalement inconnue. On ne les voit à peu près clairement — par les peintures hiératiques échappées au vandalisme castillan — que vers l'an 820 de notre ère [1].

Ils se trouvent alors dans un pays qu'ils nomment Aztlan (pays des hérons) et qui est situé au milieu ou sur le bord d'un lac, au nord du Mexique. Une famine, une inondation, un désastre quelconque, leur fait quitter ce séjour ; ils partent, guidés par leurs prêtres, emportant avec eux l'image de leur dieu Huitzilipochtli.

---

[1] Cette date est donnée par M. Chavero ; d'autres historiens indiquent des dates variant entre 583 et 1100.

Après bien des marches et des contremarches, après mainte bataille livrée aux peuples rencontrés sur les terres qu'ils traversaient, après des arrêts subits, prolongés parfois pendant vingt ans, ils arrivent sur le plateau central d'Anahuac. Des luttes nouvelles les y attendent : ils sont réduits en servitude par les Culhuas ; se délivrent de leur joug ; guerroient contre d'autres peuples ; descendent des hauts plateaux, y reviennent, errent longtemps encore, puis, un jour, parvenus aux bords de l'un des lacs de l'Anahuac, ils aperçoivent les signes par lesquels Huitzilipochtli devait leur indiquer la fin de leurs pérégrinations et le lieu de leur grandeur future : un aigle roux tenant un serpent dans les serres est venu s'abattre sur un nopal qui s'élançait d'un rocher, au milieu des eaux du lac.

Une joie immense emplit le cœur des Mexis. Ils rendent grâce à leur dieu et commencent leur établissement.

Par des constructions faites sur pilotis, ils s'avancent vers le rocher où l'aigle est venu se poser et ils y fondent leur capitale, humble hameau qui doit devenir Mexico-Ténuchtitlan [1], la reine de l'Anahuac.

Cela eut lieu en 1325 [2].

Les Aztèques étaient d'un caractère ombrageux et jaloux; ambitieux et braves à l'excès, ils ne tardèrent pas à batailler contre leurs voisins; après bien des chances diverses, ils devinrent les maîtres de la vallée de Mexico et bientôt, même, leur pouvoir en dépassa les limites. Ils poussèrent leurs conquêtes jusqu'au golfe mexicain, jusqu'au Pacifique, jusqu'à l'isthme de Tehuantépec. Ténuchtitlan fut la Rome du Nouveau-Monde, tandis qu'à ses côtés Tezcuco, la capitale des Chichimèques et des Acolhuas, leurs descendants, en devenait l'Athènes sous son sage roi, le poète Netzahualcoyotl, et son fils Netzahualpilly.

Ténuchtitlan organisée par les anciens chefs des tribus eut onze rois de 1376, à sa chute, 1521.

---

[1] Mexico veut dire ville de Mexitli, deuxième nom du dieu Huitzilipochtli; Ténuchtitlan, terre de Ténuch, l'un des chefs aztèques, ou terre du ténochtli (nopal sur un rocher).

[2] Orozco y Berra. D'autres historiens disent 1312, 1318, etc.

1 Acamapichtli (1376-1396).
2 Huitzilihuitl (1396-1417).
3 Chimalpopoca (1417-1427).
4 Itzcoatl (1427-1440).
5 Moteuczoma Ilhuicamina (1440-1469).
6 Axayacatl (1469-1481).
7 Tizoc (1481-1486).
8 Ahuizotl (1486-1502).
9 Moteuczoma Xocoyotzin (1502-1520).
10 Cuitlahuac (1520).
11 Cauhtémoc (1520-1521) [1].

En 1500, la puissance mexi était à son apogée ; la plupart des peuples dispersés dans le Mexique étaient alliés à Ténuchtitlan ou lui payaient tribut ; ses marchands allaient partout et partout étaient respectés ; Moteuczoma Xocoyotzin avait d'immenses richesses, sa cour était fastueuse et son pouvoir presque illimité.

Mais des prédictions sinistres, faites autrefois par le roi de Tezcuco, Netzahualpilly, commencent à circuler ; des signes dans les cieux — une comète, présage de grands malheurs

---

[1] Garcia Cubas.

Avant-Propos.

— annoncent qu'une catastrophe est proche et, un jour, jour de deuil pour la monarchie aztèque, on apprend que les hommes blancs dont le prophète Quetzacoatl avait prédit la venue [1] viennent de débarquer sur les côtes du golfe mexicain.

Grand émoi chez Moteuczoma; sa sagesse, sa prudence, sa valeur, s'évanouissent devant ces étrangers redoutés, ces dieux blancs qui doivent, d'après les prédictions, le renverser de son trône. Il se laisse abattre par la peur; fataliste, il renonce à se défendre contre la volonté des dieux; presque sans résistance, il tolère que Fernand Cortez et les Castillans envahissent son empire, puis sa capitale.

Trompé par Cortez, qui abuse de son effroi, de son amitié, il est fait prisonnier — par surprise — dans son propre palais, et les hommes blancs gouvernent à sa place.

[1] Cette prédiction fut faite chez les Toltèques, plusieurs siècles auparavant par ce Quetzacoatl que quelques historiens croient être un missionnaire chrétien arrivé, on ne sait comment, dans le Nouveau-Monde. Il y vint vers l'an 1000, puis disparut subitement et fut déifié.

Mais le peuple de Ténuchtitlan, outré de la condescendance de son roi envers ses geôliers, se révolte contre lui ; Moteuczoma tente d'apaiser les rebelles ; efforts inutiles ! les Aztèques dirigent leurs armes contre lui, et, frappé d'une pierre au front, il se renverse ensanglanté entre les bras d'un soldat espagnol.

Il meurt en se repentant de sa faiblesse envers les étrangers, dont il comprend trop tard la perfidie et les sinistres projets.

Cuitlahuac, son successeur au trône aztèque, chasse de Ténuchtitlan les Espagnols avec leurs alliés et leur livre bataille dans les champs d'Otompan. Ses débuts sont glorieux ; mais il meurt après quelques mois de règne. Un jeune homme de vingt-cinq ans, Cauhtémoc ou Cuautémoczin, lui succède et combat valeureusement contre les envahisseurs. Assiégé dans Ténuchtitlan, malgré la famine et la peste, il résiste pendant soixante-quinze jours et défend glorieusement sa ville, maison par maison, mur par mur, pierre par pierre...

Quand il tombe au pouvoir de Cortez, avec une poignée de guerriers, — les derniers Aztèques — Ténuchtitlan est entièrement détruite, et plus de deux cent mille cadavres mexis pourrissent sous ses décombres. (13 août 1521.)......

Cortez fit raser la capitale aztèque, il en combla les canaux, puis, aux lieux mêmes où elle existait, il jeta les fondations de la moderne Mexico.

La monarchie aztèque avait duré deux siècles ; la glorieuse défense de Ténuchtitlan clôt dignement les annales d'un peuple, — sanguinaire, sans doute, mais vaillant.

Les soldats espagnols, dont la cupidité s'était bercée de folles espérances virent leur attente déçue : ils ne trouvèrent point le trésor des rois mexis ; il demeura enseveli avec leurs dieux dans les ruines de Ténuchtitlan.

En vain, mirent-ils Cauhtémoc à la question ; le brave guerrier résista aux menaces, aux tourments, et ne leur répondit que par le mépris.

Trois ans après la chute de Ténuchtitlan, Cortez, à qui la popularité de Cauhtémoc, sa valeur et son héroïsme portaient ombrage, prit prétexte d'un complot imaginaire et, pendant une expédition qu'il menait à Honduras, il fit étrangler l'infortuné captif en compagnie du roi de Tacuba, à Inzancanac. (État de Tabasco.)

Ainsi finit par un crime inutile de Cortez le dernier des monarques aztèques et avec lui s'éteignit la valeur de sa race.

Ceux de ses sujets que la guerre, la famine, la peste, avaient épargnés se confondirent avec les autres nations du Mexique, et cette race mixte fut désignée sous le nom d'Indiens [1]. Mais, avec leur indépendance, sombrèrent à tout jamais leur génie propre, leur civilisation, ils ne furent plus qu'un peuple passif de mineurs, d'ouvriers et de cultivateurs.

Un éclair de leur antique vaillance embrasa leur cœur en 1810 et, à la suite du prêtre Hidalgo, ils jetèrent le cri de liberté qui en 1821, après des luttes terribles, affranchit le Mexique de la tutelle espagnole.

---

[1] Ce nom d'Indiens donné aux Indigènes de l'Amérique vient de ce que Christophe Colomb appela le Nouveau-Monde Indes occidentales, croyant que ce continent se rattachait aux Indes asiatiques.

Les Indiens sont encore, au Mexique, au nombre de 3,970,000; la population totale du pays en comptant les blancs et les sang-mêlé est de 11,500,000 habitants.

Depuis, sous le gouvernement des Mexicains blancs ou de sang-mêlé, les Indiens ont continué à croupir dans l'ignorance, quoique la très grande majorité d'entre eux soit digne d'un meilleur sort. La paix dont jouit la République mexicaine depuis quelque douze ans, la voie de prospérité où elle est entrée sous la main ferme du président Porfirio Diaz ont déjà permis de faire quelque chose pour ce peuple déshérité. L'avenir, peut-être, pourra faire plus encore...

*

Il est souverainement injuste d'attribuer à Fernand Cortez et à la poignée d'aventuriers qui l'accompagnaient toute la gloire de la conquête du Mexique.

« Ce serait leur donner, dit Prescott, le bouclier enchanté de Roger ou la lance magique d'Astolphe, qui, d'un seul coup, renversait des bataillons. »

L'empire aztèque fut en réalité conquis par les races indigènes soulevées par Cortez contre leurs oppresseurs, les rois de Ténuchtitlan.

Le joug mexi était lourd; il suffit aux

Castillans d'annoncer qu'ils ne voulaient combattre que Moteuczoma pour que Chinantèques, Tlaxcaltèques, Chalcains et Tezcucains s'unissent à eux et les soutinssent jusqu'au bout. Cinq cent mille indigènes combattirent contre les Aztèques ; Ténuchtitlan croula sous leurs armes, mais dans ses décombres demeurèrent ensevelies les libertés des alliés avec celles des vaincus ; car, après la chute de la puissance mexi, tous les indigènes furent enveloppés par les Espagnols dans un dédain pareil et asservis aux mêmes travaux.

* * *

Les armes offensives des Aztèques étaient le « macahuitl », sorte de sabre en bois hérissé de tranchants morceaux d'obsidienne, la lance, le javelot, la fronde, l'arc et les flèches à pointes d'obsidienne ou de silex.

Pour leur défense ils se servaient de légères cuirasses de coton propres à arrêter les flèches, de casques en bois ou en peaux d'animaux, et du « chimali », petit bouclier qu'ils maniaient avec adresse.

Le fer leur étant inconnu, ils le remplaçaient par le cuivre en ses diverses applications.

Ils n'avaient aucune bête de somme.

* * *

Les peuples du Mexique asservis par les Espagnols, les Aztèques tout particulièrement, n'étaient point des barbares ; leur religion était certes très sanguinaire, leurs coutumes, en temps de guerre, cruelles au possible, mais ils avaient pourtant fait de notables progrès dans la voie de la civilisation.

Leurs mœurs domestiques étaient singulièrement douces et policées, leurs lois étaient remarquables, la poésie, chez eux, était en honneur, leurs peintures et leurs sculptures sont fort belles[1] ; enfin, ils étaient parvenus à un incroyable degré de perfection dans les arts

---

[1] Leurs sculptures sont d'autant plus remarquables qu'ils n'avaient que des outils tendres — en bronze — à leur disposition et qu'ils s'attaquaient à des pierres dures, les basaltes, les porphyres. Ils taillaient même des pierres fines telles que l'émeraude.

mécaniques et surtout dans la science astronomique [1].

Leur cruauté a été considérablement exagérée par certains historiens ; « les évaluations de ceux-ci, dit le vénérable évêque Las Casas, sont des évaluations de brigands qui cherchent une apologie ou une excuse pour leurs propres atrocités. »

Et, de fait, les crimes inutiles, les massacres commis par les Castillans pendant et après la conquête du Mexique, forcent l'historien impartial à ne pas traiter trop souvent de barbares les malheureux idolâtres que les Chrétiens égorgeaient avec si peu de scrupules à Cholula, à Ténuchtitlan et ailleurs.

Malheureusement pour le savoir humain, toutes les découvertes des peuples américains disparurent dans le grand naufrage de leurs libertés.

Les conquérants illettrés, les prêtres et les moines fanatiques, le premier archevêque de Mexico, Zumarraga, à leur tête, détruisirent

---

[1] Leur merveilleux calendrier le prouve.

avec un acharnement inqualifiable les manuscrits, les peintures, les idoles, les monuments, tout ce qui pouvait rappeler aux vaincus leurs dieux et leur grandeur d'autrefois.

Que de secrets, que de choses curieuses, que de découvertes se perdirent ainsi !

Le voile mystérieux qui enveloppe le passé du Mexique aurait été déchiré, sans doute, si, au lieu de quelques rares manuscrits, les Sahagun, les Boturini, les Clavigero, les Ramirez et tant d'autres savants avaient pu consulter les bibliothèques de Ténuchtitlan, les riches archives de Tezcuco !

Hélas ! ne doit-on pas se demander avec Prescott, devant ce vandalisme, « quel était le plus sauvage du vainqueur ou du vaincu [1] ? ».

* *

L'auteur des Poèmes Aztèques a divisé l'Histoire des Mexis en quatre parties : Les Légendes, les Mexis, la Conquête, les Ruines.

La brève étude qui précède était nécessaire

[1] Histoire de la Conquête du Mexique (Introduction).

pour le lecteur qui n'aurait que des notions trop vagues sur les Aztèques et leur passé.

L'auteur a étudié son sujet aux sources les plus autorisées, anciennes et modernes, les lettres de Cortez, la relation de Bernal Diaz del Castillo, les œuvres de Sahagun, de Torquemada, de Duran, de Veytia, de Clavigero, et de Chavero. Il croit n'avoir pas avancé un fait qu'il ne puisse appuyer de la déclaration de quelque auteur apprécié.

Si, parfois, il se montre partial, en apparence ; s'il semble injuste pour les Conquérants, c'est qu'il croit en toute sincérité, après avoir pesé les hauts faits et les iniquités des Espagnols, qu'on montre en général trop d'admiration pour les vainqueurs, trop de dédain pour les vaincus. Poète, il s'intéresse plus aux vaincus héroïques qu'aux vainqueurs qu'une chance constante favorise, et il donne la palme à ceux-là.

Ces poèmes auront-ils une utilité quelconque au point de vue de l'archéologie ou de l'histoire ?

Assurément non; ils n'y sauraient prétendre.

Dans les ruines de Palenqué, de Mitla, de Xochicalco, de Papantla, de petites mousses harmonisent leurs teintes grises et vertes au pied des palmiers et des cèdres qui s'élancent aux cieux entre deux portiques ou sur les flancs d'une pyramide, parmi les porphyres et les basaltes brisés.

Les œuvres des Prescott, des Humboldt et des Chavero sont ces arbres géants ; à leur base, au milieu des mousses, l'auteur des Poèmes Aztèques a cueilli quelques fleurettes très humbles sans doute, et il les a réunies un peu au hasard.

Il appartient au lecteur de les dédaigner ou de les respirer un moment.

Elles se sont ouvertes au soleil, elles ont donné leur atome de couleur et de parfum, elles peuvent à présent se faner, leur but a été rempli...

*

P. S. Je croirais manquer aux devoirs de la gratitude si je ne remerciais pas ici M. E. Eugène Goupil et et M. Eugène Boban, qui ont bien voulu s'intéresser à cette œuvre et m'encourager à sa publication. Leur modestie me pardonnera, j'espère, ce témoignage public que la reconnaissance m'impose.

AUGUSTE GÉNIN.

Paris, *mars 1889.*

Avertissement aux Lecteurs :

Les noms aztèques présentent souvent des diphtongues telles que uau, ui, ua, etc. Ces diphtongues ne souffrent point la diérèse, les lettres différentes doivent s'en prononcer simultanément, Ex : Cuitlahuac, huipile, Ilhuicamina se prononcèrent :

Cui — tla — huac, hui — pi — le, Il — hui — ca mi — na, etc., etc.

La lettre u dans les mots aztèques et espagnols se prononce ou, et le son in, ine; ex.: Cuitlahuac se prononcera Couitlahovac, Xocoyctzin : XocoyotzINE.

LES LÉGENDES

LA GENÈSE AZTÈQUE

A EUGÈNE BOBAN

> Les Nahoas[1] firent du Dieu-créateur une dualité; non pas une dualité où se trouvent réunis le bien et le mal, mais une dualité que l'on peut comparer à la Trinité chrétienne. Elle consistait en ceci : donner une femme au dieu pour constituer la paire génératrice.
> .... Le créateur fit d'abord treize cieux,.... il eut quatre fils.... il s'incarna dans la lumière (le soleil et la lune).
> A. CHAVERO, (Mexico à travès de los siglos. Vol. I, chap. III).
> L'Omeccihuatl (partie femme du créateur) mit au jour un « tecpatl » (silex) ses quatre autres fils effrayés le jetèrent sur la terre et de ses fragemnts jaillirent des dieux.
> OROZCO Y BERRA (Hist. Antigua de Mexico. Vol. I, chap. I).

Tout au commencement rien n'était que la nuit;
Les germes palpitaient au hasard dans l'espace;

---

[1] Les Nahoas semblent être l'une des plus vieilles races du Nouveau-Monde. Les Aztèques héritèrent de beaucoup de leurs légendes et de leurs traditions. L'auteur a choisi la légende de la Genèse qui lui semblait la plus originale, la moins corrompue par les additions, les altérations des missionnaires et des conquérants.

Le principe naissait par lui-même produit
Et sentait sourdre en soi la semence vivace.

Le principe, le dieu, source des univers,
Vécut en cette nuit, se confondant en elle;
Issus de lui, les flots ténébreux et les airs
Roulaient dans l'infini leur force originelle.

Or, le principe était une dualité :
Un pour vouloir et deux pour créer, homme et femme
A la fois, il s'aima dans sa double entité,
Et son amour forma la chaleur et la flamme,

Et la lumière fut... Les germes dispersés,
Mélangés par ses mains, se transformaient en choses;
Il prit les feux premiers, les eaux, les vents glacés,
Et l'ère commença de leurs métamorphoses.

Il créa treize ciels d'eau, de flamme et d'air pur;
Puis, ayant de la nuit ouvert le sombre voile,
Dans le vague infini, dans le chaos obscur,
Chacun de ses regards fit briller une étoile.

Homme, de sa semence, il forma le soleil ;
Femme, il devint la lune, et, comme chaque aurore
Naissait de leurs baisers, au firmament vermeil
On en voyait sans cesse, entre la nue éclore.

Alors, vers le passé, coulèrent bien des jours ;
Puis, le principe ayant fait une masse énorme
Du limon que traînaient les eaux en leurs parcours,
La terre se montra. Lugubre, noire, informe,

Elle tomba des cieux parmi les flots des mers,
Et resta là, perdue en la nuit. Bien des âges
Passèrent ; les lichens et les goëmons verts
Lentement recouvraient ses stériles rivages.

Le principe ayant eu quatre fils, quatre cieux
Leur furent consacrés du jour de leur naissance,
Comme aux quatre éléments, mais, bien qu'ils fussent dieux
Le père disposait de la toute puissance.

Au-dessus des flots noirs tendant leurs profondeurs,
Sous le ruissellement vivant de la lumière,
Les dieux dans leurs ciels purs, aux constantes splendeurs,
Vécurent six-cents ans dans leur forme première.

Mais, le principe-mère, un jour, vit de son sein
Naître un large fragment de silex et, dans l'ombre,
Les dieux s'étant parlé, conçurent le dessein
De jeter ce débris..... La terre triste et sombre,

S'étendait à leurs pieds, le silex s'y brisa ;
De ses mille morceaux jaillirent autant d'êtres ;
La terre, sous les feux du soleil, s'irisa
Et frémit en sentant sur sa croûte, ses maîtres.

Les hommes étaient nés. Ils étaient presque dieux,
Ils descendaient du ciel et quatre dieux, leurs frères,
Debout, dans l'infini, sinistres, radieux,
Les regardaient errer au milieu des fougères.

Le soleil immobile au fond de l'horizon
S'accouplait à la terre et la rendait féconde :
Des arbres se dressaient versant leur fleuraison,
Des cimes émergeaient en mille endroits, de l'onde,

Les éléments étant par le père mêlés,
De leur répulsion ou de leur harmonie,
Naissait, des caps ardus aux sommets dentelés,
La nature terrestre en sa force infinie :

La Genèse aztèque.

Des forêts s'étageaient sur les versants des monts ;
Des fruits d'or et de pourpre éclataient dans les branches ;
Des poissons folâtraient entre les goëmons
Et déjà roucoulaient des tourterelles blanches ;

Des oiseaux pépiaient en bâtissant des nids ;
Des tigres regardaient des élans, les yeux calmes ;
Deux palmiers d'un seul jet, montaient au ciel, unis ;
La brise, en murmurant, échevelait leurs palmes.

Et les dieux contemplaient cette œuvre, émerveillés ;
Lorsque tout fut sorti des germes de la terre,
Le soleil se coucha..... s'étant agenouillés
Les quatre dieux ensemble adorèrent le père.

Et le principe dit à ses fils ; « Gouvernez
Le monde ; partagez entre vous toute chose ;
Prenez les cieux brillants, prenez la mer, prenez
La terre »..... et dès ce jour le père se repose

Au fond du vaste tout. Ses fils furent alors
Maîtres de l'univers ; chacun eut son domaine
Et prit un élément ; sous leurs communs efforts
Bientôt s'organisa la rude race humaine.

Les hommes étaient grands, très forts, industrieux ;
Dans deux morceaux de bois, l'un d'eux trouva la flamme,
Étant seuls, ils devaient pourtant périr ; les dieux
De cheveux et d'argile ébauchèrent la femme,

Le père l'anima. « Le travail est ta loi
Dirent les dieux à l'homme ; étends-toi sur la terre,
Tu la féconderas, elle doit être à toi
Au prix de tes sueurs ; vis, travaille et prospère. »

L'homme alors prospéra..... Bien des âges plus tard,
Quand les premiers humains furent tous morts, le monde
Après plus d'un naufrage, et plus d'un avatar,
Le voyait croître encor sur la terre féconde.

Mais les hommes premiers, demi-dieux à leur tour,
Auprès des quatre dieux et du principe même,
Vers le ciel d'où descend la lumière du jour
Montèrent élevés à la force suprême.

Et pendant que le monde, en sa course emporté,
Dans les vagues lointains trébuche, roule ou glisse,
Assis dans leur splendeur et leur éternité,
Les dieux hument l'encens offert en sacrifice.....

Mexico, 1888.

LES
CINQ SOLEILS COSMOGONIQUES

A E. EUGÈNE GOUPIL

Les Nahoas comptaient quatre soleils ou âges depuis la création et selon leurs traditions, l'Humanité avait péri quatre fois, moins un couple qui, épargné toujours, servait à perpétuer la race....

Ces époques ou soleils, selon les uns, ont duré 18 028 ans; selon d'autres, beaucoup moins. Voici leur durée d'après mon interprétation des hiéroglyphes :

Soleil d'eau (déluge). . . . . .   808 ans
Soleil d'air (glace) . . . . . .   810 »
Soleil de feu (volcans en éruption) .   964 »
Soleil de terre (famine). . . . .   1046 ».
                        Total. . 3628 ans

CHAVERO (Mexico à través de los siglos, chap. III).
(Voir les intéressantes compilations de Clavigero, Veytia, Orozco y Berra).

Depuis que le principe a fécondé la terre,
Depuis que, dans les cieux, s'allument des points d'or,

Dans l'horreur et la nuit, au milieu du mystère,
Cinq soleils ont brillé..... le dernier luit encor ;
Quatre, se sont éteints au milieu des désastres
Produits par les fureurs des divers éléments ;
Les hommes, quatre fois, aux feux mourants des astres,
Ont sombré sous le faix des destins incléments :

I

Les hommes prospéraient ; la terre, fange et sable,
Sentait bouillir en soi la sève intarissable
  Et donnait de larges moissons :
On semait un seul grain, on en récoltait mille ;
Et chaque être vivait confiant et tranquille,
  Sans haine folle et sans soupçons.

Les bêtes n'étaient point méchantes ; les gazelles
Ne craignaient pas le tigre ; et les débiles ailes
  Des oiselets, ne tremblaient pas,
Quand un aigle essorant, tendait ses fortes serres ;
Les hommes étaient bons : ils unissaient en frères
  Les efforts communs de leurs bras.

Les vieillards étaient rois des familles dociles ;
Plus tard, plusieurs d'entre eux, surent former des villes
    Par le groupement des tribus.
D'aucuns, restaient aux lieux qui les avaient vus naître,
D'autres, croyant trouver ailleurs plus de bien-être,
    Partaient vers d'invisibles buts.

Huit cent huit ans avaient passé..... le vaste fleuve
Où le puma,[1] le soir, vient paisible et s'abreuve,
    De vase et de gravier s'emplit ;
Le soleil s'éteignait dans les cieux noirs et mornes ;
L'Océan furieux outrepassant ses bornes,
    Sortait en fureur de son lit.

Les cieux tout ruisselants, croulèrent sur le monde ;
Des flots lointains hurlaient, et de toutes parts, l'onde
    Montait, montait, montait ; un soir,
La terre disparut sous les eaux en démence :
Les grèves, la forêt puis la montagne immense
    Sombrèrent dans un chaos noir.

---

[1] Le lion d'Amérique.

Un homme et sa compagne à l'horrible déluge,
Survécurent pourtant. S'étant fait un refuge
      D'un cèdre creusé par leurs mains,
Ils flottèrent longtemps. De leur esquif fragile,
Ils virent disparaître après le champ, la ville,
      Les monts et les derniers humains.

La mer indifférente envahit l'étendue ;
La terre ne fut plus qu'une forme perdue
      Dans les flots ténébreux ; un jour,
L'eau se mit à baisser et reprit ses rivages ;
Les pics et les ravins, les coteaux et les plages
      En émergèrent tour à tour.

II

La terre se montra ; noire, glauque et déserte,
Des algues de la mer elle était recouverte.....
      Le deuxième soleil a lui :
— Un soleil large et rouge annonçant une autre ère —
L'homme sauvé des eaux apparaît et la terre
      Va de nouveau ployer sous lui.

Au fond des vallons verts où dormaient des villages,
S'entassaient les débris des terrestres naufrages :
    Les hommes par grappes, noyés,
Les maisons s'écrasant sous des galets énormes,
Les aigles, les tapirs, les cachalots informes
    Entre les rocs pris et broyés.

Devant ce grand désastre, aux vestiges funèbres,
L'homme sentit l'horreur secouer ses vertèbres
    Et chercha la divinité :
Il pria le soleil ; il refit sa famille.....
Voici que de nouveau sous le ciel bleu fourmille
    L'inconsciente humanité.

Aux lieux où fut la ville, une forêt s'élance ;
Aux cadavres pourris versant leur pestilence
    La terre-mère ouvre son sein ;
Le sol reprend aux morts ce qu'aux vivants il donne ;
Sur les hommes réduits en poussière, bourdonne
    Des hommes, l'oublieux essaim.

Huit cent dix ans, ainsi qu'une minute brève,
S'écoulent ; mais, hélas ! un vent très froid s'élève
    En hurlant, il descend du Nord.

La glace couvre tout et, sans cesse, la neige
Tombe sur les humains qu'une tempête assiège,
    Et que le froid livre à la mort.

Il neige, il vente, il grêle, il neige, il neige encore ;
Le soleil s'est éteint ; dans la nuit plus d'aurore ;
    Pour clarté, de fauves éclairs ;
Le sang s'est arrêté congelé dans les veines,
Et les hommes vaincus se couchant dans les plaines
    Regardent mourir l'univers.

Des monstres sont sortis des forêts et, par bandes,
Ils parcourent les bois, les villes et les landes,
    La faim les pousse et les poursuit.
Les derniers des humains vont râler sous leurs griffes ;
Esclaves et seigneurs, idoles et pontifes
    Sombrent, de nouveau, dans la nuit.

III

Les cités ne sont plus qu'impalpable poussière.
Brusquement, au ciel noir, éclôt une lumière,
    Le troisième soleil jaillit.

Le couple humain revient épargné par la glace,
Comme par l'eau jadis ; il reforme sa race
    Qui, sans se transformer, vieillit.

Hommes toujours vivants et toujours périssables !
Allez, multipliez ; soyez comme les sables,
    Aux bords des rauques océans ;
Entassez les métaux et la chaux et les pierres ;
Faites des temples purs, des pyramides fières ;
    Bâtissez des palais géants !

Élevez des cités avec des citadelles
Si hautes, que jamais les noires hirondelles
    N'y puissent construire leurs nids
Et que les aigles seuls s'y posent sur leur route ;
Croissez, croissez encor, prenez la terre toute,
    Et sondez tous les infinis !

Adorez les dieux forts ; offrez-leur des victimes ;
Pour vous rapprocher d'eux escaladez les cîmes ;
    Quand votre âge s'écroulera,
Vous ne pourrez compter que par plus de ruines ;
Sur vos splendeurs d'hier, vos mœurs, vos origines,
    L'oubli comme un flot coulera !.....

Pour renaître, marcher et fonder votre empire,
Sans parvenir au but où votre orgueil aspire,
    Hommes, il a fallu mille ans !
Pour vous vaincre, un seul jour suffit à la nature ;
Sous votre empire immense, immense sépulture,
    La terre tend ses larges flancs.....

Les volcans, tout d'un coup, ouvrirent leurs cratères ;
Les rocs incandescents éclataient en tonnerres
    Tombant, se heurtant, s'effondrant ;
La terre ne fut plus qu'une sinistre épave
Et ses villes roulaient parmi les flots de lave,
    Comme une paille en un torrent.

Et le feu couvrit tout de floraisons vermeilles ;
Les montagnes de braise aux cieux montaient pareilles
    A d'immenses blocs de corail ;
La mer en déferlant grésillait sur la grève ;
Au centre de la terre ardaient sans nulle trêve
    Les feux primitifs en travail.

Le temps vint où le feu s'éteignit ; les surfaces
Brûlantes se gerçaient de profondes crevasses
    Sous le lent refroidissement ;

Les monts se hérissaient plus ardus, plus farouches ;
Mais les volcans fermaient leurs formidables bouches
    Et cessaient leur vomissement.

IV

L'homme n'était pas mort ; indestructible atome,
Malgré tous les fléaux, sous le céleste dôme,
    Il revenait toujours plus fort,
Et semant ses enfants sur la terrestre croûte,
Il suivait de nouveau cette éternelle route
    Qui mène à l'éternelle mort.

Ses villes ont bien pu sombrer dans les tempêtes,
Ses palais s'embraser, ses rois choir de leurs faîtes,
    Mais son orgueil rien ne l'abat ;
Ses frères, ses aïeux, son passé, son histoire
Peuvent périr ; toujours l'espérance illusoire
    Le soutiendra dans le combat ;

Toujours l'esprit divin qui forma son essence
Le remettra debout et, toujours, sa puissance
    Sera sa forte volonté ;

Déluge, viens encor ! glaces figez ses veines !
Consume tout, ô feu ! vos cruautés sont vaines,
    Rien n'éteindra l'humanité !.....

Hélas ! c'est sur des mots que notre orgueil se fonde :
Après les eaux, la glace, et le feu, sur le monde
    S'abattit la hagarde faim ;
La terre refusa de donner des récoltes,
L'homme, contre les dieux, clama, plein de révoltes :
    « Ils le tourmentaient trop, enfin !

Que voulaient-ils, ces dieux qui l'accablaient sans cesse ?
On l'écrase aujourd'hui pour qu'un jour il renaisse
    Plus tremblant, plus humble, plus doux !
Non ! la loi du travail qui lui fut imposée
Lui donne aussi des droits, et sa race épuisée
    Mourra sans plier les genoux !..... »

Sa race s'éteignit..... Mille quarante années
Passèrent emportant ses âpres destinées
    Au gouffre morne de l'oubli ;
Et sur tout ce qui fut peuples, villes superbes,
La nature étendit son linceul où, par gerbes,
    Les forêts dorment dans un pli.

V

Mais la mort épargnait le couple dont les races
Jaillissaient tour à tour; après tant de disgrâces,
    Les dieux, croyant l'orgueil vaincu,
Permirent aux humains de repeupler la terre
Et l'homme, depuis lors, croît, demeure et prospère
    Où tant de peuples ont vécu.

Quatre soleils sont morts éteints dans leur ciel blême
En trois mille six cent vingt-huit ans; le cinquième
    Jette son éclat radieux.....
Pour les ultimes fils des races disparues
Sous la terre et ses feux, sous la mer et ses crues,
    A vos pieds, nous prions, ô dieux!

. . . .

. . . .

Pour émousser l'orgueil qui perdit l'homme antique,
En des temps très anciens, en style hiératique,
    Des lapidaires forts et purs

Ont écrit ces récits sur des blocs de porphyre ;
Puisse l'enseignement qu'ils renferment suffire
   A guider les âges futurs !

Mexico, 1888.

LES GÉANTS

A ANTONIN BELUT

> .... On trouvait une ile dans l'Océan, en face du détroit qu'on appelle les colonnes d'Hercule. Cette ile était plus grande que la Lybie et l'Asie réunies...
> (l'Atlantide)   Platon (Dialogues).
> Les Hommes se heurtèrent aux Géants, premiers habitants du monde, et les détruisirent.
>   (Traditions)
> Les tribus Nahoas sont venues en Amérique, probablement par l'Atlantide, 3000 ans avant notre ère.
>   CHAVERO (Mexico à travès de los siglos, chap. I).

I

Les temps lointains. — La nuit. Sous les cieux sans étoiles,
Les peuples primitifs qui descendent du Nord
Dorment couchés par terre et, transis jusqu'aux moëlles,
Puisent dans le sommeil l'oubli de l'âpre sort.

Les Géants.

Ils sont là, par milliers, les fils de l'Atlantide,
Goûtant quelque repos après un jour brûlant ;
Voilà longtemps déjà qu'ils marchent, mais, perfide,
Leur but fuit devant eux et leur pas se fait lent.

Les dieux les ont chassés de la terre natale
Et les voici perdus en des pays nouveaux ;
Ils marchent entraînés par quelque loi fatale,
Toujours droit devant eux, et par monts et par vaux.

Après avoir quitté l'Atlantide, des îles
Éparses dans la mer, tels les grains d'un collier,
Les ont vus débarquer pleurant leurs champs, leurs villes,
Cherchant, pour y mourir, un sol hospitalier.

Accrochés à des caps effrayants, dans la brume,
Ils se sont retournés : derrière eux, l'Océan
Roulait sur leurs cités ses flots frangés d'écume,
Leur passé, leur grandeur sombraient dans le néant.

Et depuis..... vers le sud, ils ont marché sans trêve ;
Bien des leurs ont faibli, sont tombés, et leurs os
Blanchissent au hasard, au revers d'une grève ;
O Dieux ! vos fils maudits ont besoin de repos.

Les Géants.

Eux qui furent jadis des peuples sédentaires,
Doivent-ils devenir nomades, désormais,
S'arrêtant quelquefois pour cultiver des terres,
En recueillir les fruits, apprêter quelques mets,

Puis partir de nouveau, vers la terre promise
Où devront s'arrêter, enfin, leurs pieds meurtris ?
Les dieux parlent aux rois, et la horde soumise
Suit ses chefs tristement, sans murmures, sans cris.

Le jour, ils vont traînant leurs pas lassés ; leur foule
Fait une tache sombre au fond de l'horizon ;
Le fleuve les retient, le mont sur eux, s'éboule,
Et les espoirs déçus fatiguent leur raison.

La nuit, l'air est humide ; ils dorment sous la hutte
Que l'on fait à la hâte et qu'on dresse au hasard ;
Le besoin d'avancer toujours les persécute,
A peine reposés ils songent au départ.....

*

Un bois vierge, profond, farouche, inextricable,
Barrait ce soir leur route ; à l'aurore, demain,

Par la hache et le feu, d'un bras infatigable,
Au cœur de la forêt ils feront un chemin.

*

L'aube aux lèvres d'opale, à l'Orient déchire
Les ténèbres des nuits ; les peuples sont levés,
Et chacun, en songeant qu'il faut marcher, soupire
Et songe aux longs parcours toujours inachevés.

De rauques beuglements se croisent dans l'espace :
Les rois ont embouché les conques ; leur appel
Fait accourir vers eux les tribus dont la masse
Met un fourmillement immense sous le ciel.

Sous les ordres d'un chef, auguste patriarche,
Les guerriers sont rangés en divers pelotons ;
Vers le bois solennel, ils se mettent en marche,
Munis de lourds silex emmanchés de bâtons.

D'abord, à coups de hache, ils coupent les lianes
Qui des arbres pressés forment de puissants murs ;
Devant eux, les serpents et les vertes iguanes
S'enfoncent effarés sous les buissons obscurs.

Puis, retournant au camp, tout autour des fougères
Et des palmiers hautains, ils allument des feux :
Les flammèches, bientôt, tourbillonnent légères,
Et lèchent en sifflant les grands arbres rugueux.

On ne pouvait tourner le bois, on le traverse :
Le feu dans les halliers crépite, ronge, abat,
Et chaque arbre attaqué chancelle et se renverse
Comme un guerrier qu'on frappe au cœur dans un combat :

Pendant trois jours entiers, la forêt enflammée
Vermillonna le ciel de son grand flamboiement ;
Le vent poussait la flamme au Sud, et la fumée
De sombres tourbillons couvrait le firmament.

Dans la forêt profonde, une sente est tracée ;
Les hommes aujourd'hui, se reposent ; demain,
Vers le but inconnu, la horde délassée
Poursuivra, de nouveau, son éternel chemin.

II.

Les chefs ont tressailli : des éclaireurs tout pâles
Sont revenus au camp ; ils content que partis,

Les Géants.

A l'aube, ils ont cru voir aux lueurs aurorales,
Dans les bois, des géants des vastes monts sortis,
Des géants à poil roux, qui venaient vers la plaine
En poussant de grands cris ; des pins déracinés
Tournoyaient à leurs poings ; ils venaient, c'est à peine
Si l'on avait le temps de s'enfuir. Consternés,
Les chefs laissent parler les éclaireurs véloces ;
Que faire ? ont-ils été victimes d'une erreur
De leurs sens ? hélas non ! car du bois, les colosses
Surgissent ; les humains hurlent pleins de terreur.

La peur, l'affreuse peur les saisit et, par masses,
Stupéfaits et hurlants, femmes, guerriers, vieillards,
Se sauvent..... où vont-ils ? les géants sur leurs traces
S'élancent à grands pas, massacrant les fuyards.

Tout cède sous le vol des noueuses massues :
On les voit tournoyer puis s'abattre en sifflant,
Broyant comme un fruit mûr sur les pierres moussues
Dix hommes d'un seul coup en un monceau sanglant.

O dieux ! où se cacher !..... où trouver un asile ?.....
Des femmes, des enfants, criant grâce, à genoux,

Les Geants. 53

Ensemble sont broyés ; seul, un héros tranquille
Se retourne et de dards crible les géants roux.

Il lutte, il lutte seul ; mais, que peut son exemple ?
Sous un coup de massue il tombe sur le roc ;
Les os brisés, vivant encor, sombre, il contemple
Les géants écrasant les hommes sous leur choc :

Ils vont..... sous leurs orteils jaillissent les cervelles ;
Des crânes entr'ouverts ; ils ruissellent de sang ;
Les fuyards éperdus semblent avoir des ailes
Une angoisse sans nom leur tenaille le flanc.....

*

Quand la nuit descendit sur le champ du massacre,
Les survivants derniers étaient déjà bien loin ;
— Dans la brise, le sang versait son odeur âcre —
Et, cachés au milieu des morts, dans un recoin
Formé par des rochers, retenant leur haleine,
Deux des chefs regardaient leurs horribles vainqueurs
Qui, las de tant tuer, au milieu de la plaine,
Ouvraient le sein des morts pour dévorer les cœurs.

L'un des géants, parfois, allait poser sa bouche
Sur une gorge tiède encore et qui râlait,
Et, de ses fortes dents, la déchirant, farouche,
S'abreuvait du sang chaud qui des veines coulait.

Et les deux chefs, plus tard, en des peurs indicibles,
Virent les monstres roux par les ombres accrus,
Sur les corps déchirés des femmes insensibles
Se tordre rugissants, en d'effroyables ruts.....

* *

A l'aube, les géants, au fond de leur bois sombre
Rentrèrent ; le grand chef des hommes put les voir
Sans être vu par eux ; il supputa leur nombre,
Et de venger ses morts, conçut l'ardent espoir.....

III

Les chefs ont pu rejoindre à l'heure des ténèbres
Les tribus, dans les monts. Les hommes affolés
Sentent frémir encor de terreur leurs vertèbres
Ils n'osent plus sortir des âpres défilés

Les Géants.   55

Où, hagards, éclopés, le soir de la déroute,
Ils vinrent s'échouer. Ils regardent tremblants
La forêt qui les vit s'arrêter en leur route,
La plaine où les vautours, des morts, fouillent les flancs.

Mais, voici que la voix du grand-prêtre s'élève ;
Il faut lutter, il faut détruire les géants ;
Et les hommes, alors, à la crainte font trêve
Et groupés au revers des abîmes béants,
Ils écoutent les chefs ordonner la bataille
Prochaine ; les géants ne sont que peu nombreux,
On les vaincra ! mais, non ! la peur encor tenaille
Les plus jeunes guerriers et les plus vigoureux.

— Sans doute, les géants étaient invulnérables ;
Que servait de lutter contre des immortels ! —
Mensonge !..... Quelques chefs ancêtres vénérables
Assurent en faisant des serments solennels,
Qu'eux-mêmes avaient vu le jour de la poursuite
L'un des géants frappé d'un vibrant javelot
Tomber sur les genoux et son sang, tout de suite,
Par l'entaille jaillir en un noirâtre flot.....

Durant des jours nombreux, peu rassurés encore,
Les hommes au combat songèrent anxieux ;
Pensifs, ils regardaient éclore chaque aurore,
Et chaque nuit remplir de ses fleurs d'or les cieux.
Mais, quand ils furent prêts, javelots, javelines,
Épieux et dards aigus s'étalaient par faisceaux,
Dans des sacs résonnaient les cailloux des collines,
Les frondes et les arcs faisaient de grands monceaux.

Les chefs avaient ainsi disposé la bataille :
D'agiles éclaireurs s'en iraient vers les bois,
Puis, reculant bientôt, de broussaille en broussaille,
Ils devaient attirer les géants aux endroits
Où les hommes cachés par troupes formidables
Les cribleraient de dards à l'abri d'un rocher ;
Isolés, les géants seraient moins redoutables
Aucun n'échapperait qui voudrait s'approcher.

IV

Au jour dit, dans les monts, on fit cacher les femmes
Et les enfants ; on fit partir les éclaireurs ;
Des rustiques autels s'élevèrent des flammes
Vers les dieux ; et, cachant leurs poignantes terreurs,

Les Géants. 57

Derrière des rochers formés en barricade,
S'en furent les tribus aux côtés de leur roi ;
Un silence profond envahit l'embuscade ;
Sur les hommes plana comme un vautour, l'effroi....

Les géants ! les géants !.... Le sol tremble, les flèches
Vers ces corps monstrueux volent en tourbillon ;
Mais, leur élan est tel, qu'on ne peut voir les brèches
Que les archers, de loin, font en leur bataillon.

Entre leurs poils touffus, les pointes barbelées
Hérissent leur poitrine, ensanglantent leurs flancs ;
Les cailloux des frondeurs les frappent par volées,
Ils ne s'arrêtent pas. Farouches et hurlants,
Ils viennent..... leurs clameurs emplissent l'étendue,
Un féroce rictus montre leurs dents de loups ;
Ils grimpent aux rochers..... Criant grâce, éperdue,
La foule des couards s'est jetée à genoux.....

Mais les chefs, par leurs cris, réveillent les courages ;
Ils montrent aux guerriers les ennemis blessés
Qui râlent sur le sol en d'impuissantes rages ;
Les hommes pleins d'espoir, lors, se sont redressés.

Les Géants.

Nul pour fuir à présent ne cherche des issues ;
On se rue aux géants, on n'attend plus leur choc ;
On regarde sans peur tournoyer les massues
Et les morts par moissons se coucher sur le roc.

Sous les coups d'un géant seul, vingt hommes en grappe
S'écrasent l'un sur l'autre en un tas pantelant,
Mais, toujours l'un d'entre eux, avant de mourir, frappe
De quelque coup mortel, le colosse sanglant.

Les femmes brusquement dévalent dans la plaine
Pour lutter à côté des fils et des époux ;
A présent, la vallée immense est toute pleine
D'un sombre entassement plein de subits remous.

Le bruit sourd des rochers écrasant les poitrines,
Les cris désespérés des enfants éperdus,
Les longs appels des chefs dans les conques marines,
Les râles des mourants, s'élèvent confondus.

Sous le ciel calme et bleu, la hagarde mêlée
Étreint les combattants, épuise leurs efforts ;
Des ruisseaux de sang tiède au fond de la vallée,
Traînent leurs pourpres flots autour des tas de morts.

Les Géants. 59

Tels des monstres marins échoués sur des plages,
Des géants s'écroulaient tout hérissés de dards ;
Des entrailles, ainsi que des tas de cordages,
Coulaient d'un ventre ouvert, sur des membres épars.

Et le jour s'écoulait et l'affreuse tuerie
Continuait ; géants, humains, luttaient encor,
Au loin, sur la forêt lentement assombrie
Le soleil se couchait dans un océan d'or.....

Brusquement, le combat s'arrêta..... déjà l'ombre
Des nuits au ciel funèbre allait se dérouler,
Qnand on vit les géants formant un groupe sombre
Se retirer auprès du bois et s'en aller.....

Les hommes harassés se couchèrent sur l'herbe
Et dormirent. Au jour, ils comptèrent les corps
Des géants qui, roidis dans la fierté superbe
Du trépas, recouvraient de hauts monceaux de morts.

Plus de trois cents d'entre eux jonchaient le mont, la plaine,
Ils s'étalaient velus, effroyables, massifs,
En leur dernier sommeil, en leur pose hautaine,
Les chefs en les comptant s'arrêtèrent pensifs....,

Pourrait-on réussir à vaincre cette race ?
Six mille humains, au moins, gisaient là, sous les cieux ;
Que de morts ! et que faire ? on avait bien l'audace
Mais aurait-on le nombre ?..... on consulta les dieux :

Le feu sacré s'allume à l'heure du mystère,
Les prêtres, vers le ciel, tendent leurs faibles mains...
Les dieux veulent la lutte ; il faudra que la terre
D'un pôle à l'autre pôle, appartienne aux humains.

Les chefs ont fait ranger les guerriers par centaines,
Leur nombre est suffisant pour vaincre, ils combattront ;
Bien des leurs vont périr aux batailles prochaines,
Mais les derniers géants sous leurs coups tomberont.

*

Un matin, on les vit brusquement reparaître
Ils semblaient plus puissants, plus hardis, plus nombreux ;
Les hommes excités par la voix du grand-prêtre,
Comme les flots des mers, se ruèrent sur eux.

Mais il ne tremblaient plus en les voyant en face,
Ils sentaient qu'ils devaient ou les vaincre, ou périr ;

Les Géants.

C'était le grand combat, il fallait qu'une race
Disparût en laissant à l'autre l'avenir.

Jour brillant! nuit lugubre! heures claires ou sombres!
Combien de temps dura ce combat sans pareil?
Rien ne séparait plus les tueurs, ni les ombres
Des nuits, ni les levers éclatants du soleil.

Parfois, il se faisait une trêve tacite ;
Pour lutter, les vivants se nourrissaient des morts:
Terribles, ils mangeaient cette chair crue et vite,
Retournaient au combat plus furieux, plus forts.....

Le nombre l'emporta..... les géants reculèrent;
Mais les hommes, alors, s'acharnèrent sur eux ;
Et, de nouveau, blessés et morts s'amoncelèrent
Sous le jour rutilant ou le soir ténébreux.

Puis le dernier géant succomba..... Dans l'espace
Montèrent vers les dieux trois immenses clameurs;
Les hommes haletants, sans chercher d'autre place,
A leur rang de combat s'endormirent vainqueurs.

Des mourants se dressaient pour demander à boire,
Nul ne les entendait ; le trépas, le sommeil
Planaient seuls dans la nuit. Effrayante victoire,
Que de morts on aurait à compter au réveil.

Au jour, on dénombra les vivants. Hécatombe
Incroyable, vingt mille humains avaient péri ;
Au fond du val sanglant comme dans une tombe,
Ils dormaient dans l'horreur de leur suprême cri.

* *

On pleura sur les morts qu'on laissait en pâture
Aux vautours ; on pria les dieux ; puis, un matin,
Fuyant l'endroit qui vit l'horrifique aventure
On osa s'enfoncer dans le bois incertain.

Nul géant n'apparut. Les restes de la horde
Formés en dix tribus, partirent à pas lents ;
Les dieux semblaient enfin, pris de miséricorde,
Les jours de paix venaient après les jours sanglants.

. . . .
. . . .

Bien des siècles plus tard, dans leurs humides huttes,
Accroupis sur le sol, autour des feux sacrés,
Les vieux guerriers Méxis témoins de maintes luttes,
Contaient ce grand combat à leurs fils effarés.

Et, sur les lieux témoins de l'horrible bataille,
A côté du sillon que le soc a tracé,
Souvent, on voit blanchir un os d'énorme taille
Qu'on regarde, surpris, en songeant au passé.

Mexico, 1887.

LES RACES PERDUES.

A ALEXANDRE MAYEU.

> Le Mexique s'est peuplé par des émigrations venues du Nord, par l'Ouest, de l'Asie ; par l'Est, de l'Atlantide.
> Les premières races dont parlent les traditions sont les Otonques ou Otomis ; ensuite, viennent les Mayas, les Nahoas, les Xicalans, les Mixtèques puis les Toltèques et enfin les Aztèques.
> Ces peuples divers se mêlèrent aux races autochtones.
> (Traditions).
> On ne sait à quelles races attribuer la plupart des monuments dont les ruines jonchent le Mexique. Des races, des peuples — races puissantes, peuples nombreux, avancés en civilisation ainsi que l'attestent leurs ruines — ont disparu sans même laisser un nom, sont morts sans faire un signe.
> Prescott. (Origines de la civilisation mexicaine).

Du Nord du monde — ainsi que l'on voit d'une source
S'épancher des ruisseaux — sans cesse on voit sortir
Des générations. Elles prennent leur course
Vers le Sud où la nuit devra les engloutir.

De même, le ruisseau grandit et devient fleuve;
Fil d'argent au départ, il coule calme et clair,
Réfléchit les roseaux, la biche qui s'abreuve,
Puis se trouble et s'en va se perdre dans la mer.

Tribus après tribus, des plages très lointaines
Viennent, touchent le nord, regardent et s'en vont —
Souffrant d'un besoin vague — à travers monts et plaines,
D'un pas lassé toujours et toujours vagabond.

Voici d'abord, traînant leurs masses monotones
Les fils de l'Atlantide, ils brisent les géants,
Se mêlent lentement aux peuples autochtones,
Et, craintifs, semblent fuir les bords des océans [1].

Ils sont passés.... au loin, s'avancent sur leurs traces
Les Otomis qui sont nés sur un autre bord,
Mais vont au même but; ils engendrent deux races
Et s'épanchent au sud, laissant désert le nord.

---

[1] Chassés du pays natal par une inondation, les Atlantes, devaient craindre, sans doute, les mers et vivre de préférence sur les hauts plateaux. Plusieurs races ont agi de même.

Puis viennent les Mayas; les familles Mixtèques;
Les Nahoas hardis, leurs fils, les Xicalans;
Les Olmèques; enfin, les tribus des Toltèques
Doux comme les Mayas et, comme eux, opulents.

. . . .

D'où naissent ces reflux d'hommes accrus sans cesse?
Quel continent vomit ces peuples d'émigrants?
Quel instinctif besoin, quelle étrange sagesse
Pousse, arrête et confond leurs flots longtemps errants?

Ceux-ci viennent d'Asie, ils ont touché les îles
Qui s'égrènent au nord brumeux de l'univers;
Ceux-là pensent encor à leurs antiques villes
Détruites en un jour par la fureur des mers.

Les uns ont habité des rivages de glace;
Des pays merveilleux les autres sont venus;
Tous, ont le souvenir d'une époque où leur race
Grandit et fut puissante en des lieux inconnus.

Pour dieux, ils ont le feu, le jour, le vent, un astre
Et pour point de départ quelque accident fatal
Survenu brusquement, quelque sombre désastre
Qui les force à quitter, en pleurs, le sol natal.

Les Races perdues.

Combien ont-ils vécu ? qu'ont-ils fait sur la terre ?
On l'ignore.... la nuit a couvert ce passé ;
L'Histoire voit un gouffre et ne peut que se taire
Devant cet âge entier de son livre effacé.

*

O glaciers éternels ! ô vieux monts de porphyre !
Lacs de liquide azur où le ciel pur se mire
  Bleu le matin, rouge le soir,
Quand le soleil couchant vermillonne l'espace ;
Bosquets dont chaque branche au colibri qui passe,
  Tend sa fleur comme un encensoir ;

Déserts, qui cotoyez l'océan Pacifique ;
Pampas, qui nourrissez sous les feux du tropique
  Vos grands buffles et vos élans ;
Plaines où le sel gris met ses efflorescences ;
Forêts, qui nous cachez tant de magnificences ;
  Fleuves aux flots étincelants ;

Vallons, où les palmiers dressent leurs fronts superbes,
Et dominent pensifs, les grands océans d'herbes
  Où viennent paître les tapirs ;

*

Torrents qui fracassez tout sur votre passage ;
O golfe ! golfe bleu qui jettes au rivage
    Tes chants ou tes rauques soupirs !

Quels furent les premiers humains qui contemplèrent
Vos merveilles ? parlez, de quels noms s'appelèrent
    Autrefois les peuples nombreux
Qui dans la nuit des temps, ont semé leurs poussières ;
Quelles races suivaient les races devancières ?
    Quel était leur but ténébreux ?

Vous ne répondez pas !.... Des hommes innombrables,
O plages ! ont foulé vos galets et vos sables
    Et franchi vos cîmes, ô monts !
Forêts ils ont troué vos voûtes solennelles ;
O terre ! ils ont sucé le lait de tes mamelles,
    Et vous ne savez plus leurs noms !.....

O douleur ! c'est en vain que les hommes entassent
Les temples, les palais; quand vient leur temps ils passent,
    Et leurs travaux les plus parfaits
Ne sont plus que des tas sinistres de ruines
Qui gardent le secret des mœurs, des origines
    Des peuples morts qui les ont faits.

Des cœurs se sont aimés, cœurs d'amants, cœurs de mères !
Des guerriers sont tombés sous de folles colères
      Après quelque combat géant ;
Qu'importe ! hélas ! la mort qui fait naître les roses,
L'amour qui les respire, ainsi que toutes choses
      Ont un but fatal : le néant !

Non !..... tu revis de nous, ô Nature éternelle !
Ta main, ta main féconde, incessamment nivelle
      La terre sur les temps finis ;
Sur les vieux monuments tu verses le silence,
Mais de la ville en cendre une forêt s'élance
      Et ses rameaux sont pleins de nids.....

. . . .
. . . .

Sur les Toltèques morts, le pays volcanique
D'Anahuac, voit venir les émigrants Mexis ;
Ils sortent de la nuit du temps préhistorique,
Comme l'aube apparaît dans le ciel indécis.

  Mexico, 1888.

LES MEXIS

MIGRATIONS.

A EUGÈNE DUBERNARD.

> Les Mexis ou Aztèques habitaient une ile appelée Aztlan. Un jour, le dieu qu'ils adoraient, Huitzilipochtli qu'on nomme aussi Mexitli leur parla et ils quittèrent le pays d'Aztlan pour aller fonder Mexico-Ténuchtitlan (820-1325).
>
> (Chroniques).

I

Or, un soir, Tecpatzin, le vieux chef des Mexis,
Veillait sous la splendeur des grands cieux obscurcis
Par la nuit qui tendait à l'infini ses voiles.
Le ciel ne dardait pas ses doux regards d'étoiles,
Nul fracas ne montait vers le céleste écrin.
Il veillait.... les tribus sous son regard serein

Dormaient, et, les berçant au domaine des rêves,
Les flots du lac d'Aztlan chantaient le long des grèves
De l'île.... Le vieux chef, solitaire, songeait;
Dans l'avenir profond son grave esprit plongeait;
Brusquement, l'horizon, tout à l'heure si sombre,
S'éclaira d'un faisceau d'astres rouges, et l'ombre
Au loin étincela; le jour emplit la nuit;
Et partout, éclata ce terrifique bruit
Que le tonnerre fait dans les gorges profondes.
Le ciel se réfléchit tout en feu dans les ondes
Du lac; et Tecpatzin, au milieu d'un soleil,
Vit apparaître un dieu dont le regard vermeil
Brûlait.... il recula, n'osant lever la face
Vers cette vision qui venait dans l'espace;
Une main faite d'ombre approcha de sa main
Et le retint; faisant un effort surhumain,
Tecpatzin regarda: le dieu grand comme un monde,
Du front touchait le ciel, des pieds plongeait dans l'onde.
Et le chef anxieux, le cœur d'effroi rempli,
Dans l'apparition, reconnut Mexitli.
Mexitli, le dieu né du ventre d'une femme,
Et que quatre serpents vomissant de la flamme,

Depuis, traînent toujours au-devant des Mexis.
Deux astres rayonnaient sous ses épais sourcils.
Tecpatzin tout tremblant, se prosterna dans l'herbe,
Et, sans lever les yeux, il clama : « Dieu superbe,
Maître de l'infini, de splendeur revêtu,
Toi qui règnes partout, ô dieu ! que me veux-tu ? »
Et le dieu répondit : « Tremble ! les temps sont proches
Où les sols nourriciers vont se changer en roches
Et l'eau douce des puits en impurs flots salés.
Vos maïs blondissants par les éclairs brûlés
Vont laisser sans manteau vos stériles campagnes ;
Des torrents écumeux vont jaillir des montagnes
Et briser vos maisons ; le froid, la soif, la faim
A tous vos ennemis se vont unir, enfin,
Pour fondre sur vous comme un épervier farouche
Sur de bleus colibris. Voici ce que ma bouche
T'ordonne : Dès demain, réunis les tribus
Et quittez pour toujours les rivages touffus
Du lac d'Aztlan. Partez, allez le cœur tranquille
Au hasard, vers le Sud. Le jour où, sur une île,
Après avoir franchi des pays merveilleux,
Vous verrez au milieu d'un terrain rocailleux

Un immense nopal s'étaler solitaire ;
Si, tout à coup, des cieux, descendait vers la terre
Au-dessus du nopal, un aigle au vol puissant
Broyant un serpent noir dans son bec plein de sang,
Arrêtez-vous ; jetez vos bâtons de voyage,
Espérez et, bientôt, sur cet obscur rivage,
Un empire naîtra de vos efforts constants
Et le nom des Mexis grandira dans les temps. »

Le dieu se tut. Son front se perdit dans la nue ;
Comme un flambeau lointain pâlit, puis diminue
Et s'efface, il montait laissant un sillon d'or
Dans le ciel..... Tecpatzin le contemplait encor
Qu'il n'était plus ; la nuit tendit son aile sombre
Et le chef accablé sous des pensers sans nombre
Rêva longtemps..... Soudain, une rose lueur.
Surgit à l'Orient, annonçant la splendeur
Prochaine du matin. Dans la clarté d'opale
Tecpatzin se leva, se baigna d'eau lustrale
Et pria. Quand il vit s'éveiller les tribus
Appelant à grands cris ses lieutenants émus
Il leur dit simplement la vision divine.....

Un soir, à l'heure fraîche où le soleil décline,
Sans avoir murmuré, confiants en leur dieu,
Les Mexis, à jamais, s'éloignèrent du lieu
De leur séjour; n'ayant que le hasard pour guide,
Ils partirent. Bientôt, le ciel dormit splendide,
La lune sur leurs pas jeta ses pâles feux,
Et l'horizon profond se referma sur eux.....

II

Ainsi qu'un long serpent, la puissante colonne
Des émigrants rayait la plaine monotone
D'un trait noir. Réunis en groupes singuliers,
Des guerriers qui frappaient le fond des boucliers
Pour ranimer l'ardeur des enfants et des mères,
S'avançaient les premiers. Plusieurs vieillards austères,
Des prêtres, qui formaient un noyau solennel,
Les suivaient à pas lents, portant sur un autel
L'image de leur Dieu. Le reste de l'armée
Venait après, devant chaque tribu formée
En ordre autour d'un chef; et c'était effrayant
De voir la horde immense; elle avançait ayant

L'aspect d'un grand dragon tout hérissé de têtes ;
Elle faisait le bruit vague et sourd des tempêtes ;
Dès l'aurore, au milieu des appels et du bruit,
Elle errait jusqu'à l'heure où vient la sombre nuit.

III

A travers les vallons aux odorants bocages
Et les déserts brûlants qui forment les rivages
De la mer Pacifique ; à l'ombre des sommets
Des monts, sous les glaciers où ne fondra jamais
La neige que mille ans frôlèrent de leurs ailes ;
Au travers des forêts aux voûtes solennelles
Où nuls pas jusqu'alors ne s'étaient hasardés ;
Bravant les blancs torrents de rochers noirs bordés,
Affrontant le courroux des peuples indigènes,
Escaladant le front de sourcilleuses chaînes
De montagnes, doués d'un pouvoir surhumain,
Les Mexis, lentement, poursuivaient leur chemin,
Sans souci des dangers, vers la terre promise
Par leur dieux Mexitli. N'ayant dans l'entreprise
Que leur foi pour soutien, ils conservaient l'espoir.
Depuis plus de cent ans ils allaient, sans savoir

S'ils verraient s'accomplir les promesses divines ;
Ils allaient..... et leurs morts engraissaient les ravines.
Parfois, ils s'arrêtaient pendant plusieurs saisons,
Défrichaient des terrains, élevaient des maisons,
Au milieu d'un désert ils faisaient une ville,
Changeaient en oasis quelque plaine fertile,
Puis, puis un jour, repartaient, et, leurs traditions
Survivaient aux vieux chefs, aux générations ;
Parfois, ils se heurtaient à de puissantes races
Et combattaient; vaincus ou vainqueurs, sur leurs traces
S'élevait un chemin de tombeaux. D'un pas lent
En suivant, les vieillards se rappelaient l'Aztlan
Pays de leurs aïeux ; ils sentaient leur grand âge
Les pousser vers la mort et rêvaient au rivage
Qu'ils ne pourraient pas voir. Les jeunes gens joyeux
Espéraient en leur cœur que ce jour à leurs yeux
Luirait; et, soutenant leurs débiles ancêtres,
Comptant sur l'avenir, confiants en leurs prêtres,
Ils allaient..... Les ciels bleus suivaient d'autres ciels bleus,
Des bois après des bois, des coteaux onduleux,
Des monts, des monts, des monts, d'interminables plaines;
Chaque jour ajoutait quelque mal à leurs peines

Et le but semblait fuir. Ils faiblissaient parfois,
Mais, alors, des hauteurs descendait une voix
Que les chefs entendaient seuls, et qui dans l'espace
Criait: « Ne craignez point, venez, suivez ma trace,
Marchez, le but est proche et vos maux sont finis. »
Alors, jeunes et vieux, pieusement unis,
Et tout rassérénés, continuaient leur marche
Sous la direction de quelque patriarche.

IV

Et les Mexis allaient toujours sans se lasser ;
Des peuples stupéfaits les regardaient passer.
Près d'atteindre Tollan, au pays des Toltèques,
Sur l'ordre de leur dieu, la plupart des Aztèques
Quittant leurs compagnons, s'arrêtèrent vingt ans,
Puis s'en furent encor. Ainsi qu'aux premiers temps
Ils allaient comme va la vague après la vague,
Sans connaître leur but et pleins d'un effroi vague.
Ils foulaient les rochers, les sables, les gazons,
Distraits, cherchant des yeux de nouveaux horizons ;
La nuit suivait la nuit, et l'aurore l'aurore,
Eux, sans répit, marchaient, marchaient, marchaient encore ;

Ils s'égaraient, tournaient, ne désespéraient pas,
Et le hasard tendait l'infini sous leurs pas.

. . . .

V

Ils errèrent ainsi pendant cinq cents années.
Les tribus n'étaient plus que de maigres poignées
D'hommes, quand les Mexis, par un jour de printemps,
Arrivèrent aux bords désirés si longtemps :
Ils virent à leurs pieds une immense vallée
Dormant entre des monts à la cime pelée
Et semblant leur offrir ses sauvages moissons ;
Les nids dans les grands bois étaient pleins de chansons,
De suaves senteurs s'exhalaient dans la brise.
La horde contemplait haletante, surprise,
Les sommets dentelés et l'horizon changeant :
Dans le lointain, des lacs bleus encadrés d'argent
Sommeillaient sous le dôme éblouissant des nues ;
Des papillons volaient à des fleurs inconnues,
Des glaciers érigeaient vers le ciel leurs fronts blancs;
Des ruisseaux écumeux s'échappaient de leurs flancs

Pour aller arroser la plaine ensoleillée ;
Tout rutilait : les prés, les coteaux, la feuillée,
Sur la terre féconde et sous la paix des cieux.
Les Mexis, arrêtés, regardaient anxieux :
Comme on voit l'ocelot se jeter sur sa proie,
Les Nomades, soudain, pleins d'une folle joie
Descendirent des monts ardus vers les guérets.
A travers les ravins profonds et les forêts
Ils marchèrent encor plusieurs jours pour atteindre
Les bords d'un grand lac bleu que le ciel semblait teindre.
Quand ils furent enfin réunis près des flots,
Les prêtres en poussant des cris et des sanglots
Conjurèrent les dieux de finir leur torture.
Alors, sous la splendeur de la grande nature,
Les Mexis, sur le sol, brusquement prosternés,
Offrent à Mexitli trois enfants nouveau nés.
Pendant que vers le dieu, s'exhale leur prière,
Le grand-prêtre Ténuch, sur une large pierre,
A couché la victime avec la face au ciel.
Plusieurs vieillards, plus loin, dressent un humble autel
De feuillage où bientôt brûle quelque résine.
Le sacrificateur, les mains sur la poitrine

De l'enfant condamné, gémit lugubrement.
Son bras droit s'est tendu vers le clair firmament ;
Sa main tient le couteau de noire obsidienne ;
Soudain, le bras s'abat sur la victime humaine,
Un cri monte étouffé par d'effroyables chants,
Pendant que sous le coup de l'arme à deux tranchants
La poitrine s'entrouvre ainsi qu'une grenade.
Le sang coule à longs flots, écarlate cascade ;
Le prêtre prend le cœur de l'enfant dans ses doigts,
Et le tend vers les monts, vers les lacs, vers les bois :
« O Mexitli ! dit-il, l'odeur du sang t'est chère
Accepte notre hommage, et fais que cette terre
Soit le but où nos pas se doivent arrêter. »
Au même instant, le ciel parut s'ensanglanter,
Une rouge clarté teignit au loin les ondes ;
Et, dans l'air froid du soir vibraient des voix profondes
Qui semblaient arriver sur les ailes du vent.

Lorsque vint le matin, sous le soleil levant,
Les Mexis purent voir la fin de leurs misères :
Un grand aigle tenant un serpent dans les serres,
Traversa l'étendue et, d'un vol vertical,
Descendit comme un trait sur un puissant nopal

Qu'on voyait dans le lac, glauque, épineux, morose
Ancré sur un rocher par l'aube teint de rose.
Tous les prêtres, alors, crièrent : « C'est ici
Que notre avenir noir enfin s'est éclairci,
C'est ici qu'il nous faut arrêter notre course ;
Les temps sont accomplis: ce lieu sera la source
De nos destins heureux. » Et, le peuple ravi
Pria deux jours; après, travaillant à l'envi,
Chacun fit de roseaux, de joncs et de lianes
Un temple pour le dieu; puis, pour soi, des cabanes
Se groupant au hasard sans bornes et sans plan.

. . . .

C'est ainsi que naquit un jour Ténuchtitlan.
. . . .
. . . .
. . . .
. . . .

Le hameau s'étendit et devint une ville
Libre et grande au milieu des vagues, dans une île ;
Les Mexis, lentement, allèrent aux sierras
Qui cerclent la vallée ; et, bientôt, sous leurs bras,

Migrations. 85

On vit jaillir du sol et grandir un empire :
Des rivages du lac où la brise soupire
Jusqu'aux flots orageux du Golfe mexicain,
De la mer Pacifique au vallon Tezcucain,
Du pays de Tollan [1] aux bords Guatemaltèques
S'étendit le pouvoir des monarques aztèques.
Ténuchtitlan put voir se succéder neuf rois
Dont vingt peuples divers supportèrent les lois ;
Reine de l'Anahuac elle avait pour couronne
Cent monts et deux volcans que la neige fleuronne[1].

Mexico, Janvier 1884.

[1] L'ancienne capitale des Toltèques.
[2] Mexico est entièrement entourée de sierras ; les deux volcans de la vallée le Popocatépetl et l'Iztaccihuatl sont toujours couverts de neige.

LE TEMPLE

A ANTONIO PEÑAFIEL

> Les Mexicains avaient des temples qu'ils nommaient Teocalli (maison de Dieu) et Teopan (lieu où est dieu).
> Le Grand Temple consacré à Huitzilipochtli fut d'abord une pauvre cabane. Itzcoatl le reforma, son successeur Moteuczoma 1ᵉʳ l'agrandit, Tizoc enfin, jeta les fondements d'un superbe édifice qu'Ahuizotl termina et qui fut celui dont les Espagnols contèrent tant de merveilles après l'avoir détruit.
> CLAVIGERO (Hist. du Mexique, liv. VI).

Les premiers chefs Mexis consacrèrent un temple
Humble au début au dieu protecteur. Leur exemple
Fut suivi par les rois : Itzcoatl reforma
L'édifice et le fit orner ; Moteuczoma
L'agrandit ; par son ordre on sculpta des statues
Dans la pierre et le bois ; de plumes revêtues

Elles trônaient au front des autels ; mais, Tizoc
Fit plus qu'eux : il choisit, d'abord, pour base, un roc,
A fleur d'eau ; le roc noir cœur et centre de l'île
Où jadis les Méxis sur un nopal sénile,
Avaient vu se poser l'aigle roux ; en ce lieu
Il fit une maison superbe pour le dieu :
Le Téopan central, puissante pyramide
Tronquée, était en pierre et d'un stuc très solide
Recouverte en entier. Elle fut par Tizoc
Consacrée au seigneur des eaux, au dieu Tlaloc
Dont la semence arrose et féconde la terre,
Puis au grand Mexitli, l'arbitre de la guerre.
Il fit construire encor pour les deux immortels
Au front du Téopan, deux superbes autels
De trente pieds de haut ; on y vit les idoles,
Leurs attributs divins, leur histoire en symboles ;
Et, pour ne pas les mettre en des rivalités
De culte, certains jours leur furent affectés.

Quatre murs entouraient la pyramide énorme ;
Cinq étages montaient jusqu'à la plateforme
Dernière où se trouvaient les autels consacrés ;

Cinq escaliers, chacun de cent quinze degrés,
S'étageaient en tournant aux flancs de l'édifice ;
Les prisonniers voués au sanglant sacrifice
Devaient périr en haut ; les peuples insoumis
Voyaient ainsi, de loin, le sort des ennemis
Des Aztèques vainqueurs. Dans l'enceinte sacrée,
Entre les quatre murs, une place carrée
S'étendait enfermant des temples plus petits
Pour les divinités secondaires bâtis.
Les prêtres, constamment au nombre de cinq mille,
Trouvaient dans cette cour une maison d'asile ;
Ils y vivaient afin d'être tout près des dieux,
A toute heure. Le roi choisissait les plus vieux,
Les plus purs, qu'on vouait à l'étude des astres.
Ils lisaient dans les cieux et souvent les désastres
Étaient prédits par eux.

      A côté des parois
D'enceinte s'étendaient les demeures des rois
Aztèques ; et, plus loin, au milieu de la ville,
Les palais des Seigneurs. Le peuple autour de l'ile
Avait dans les marais, des logements bâtis

Le Temple.

Au-dessus du niveau des eaux, sur pilotis.
Quatre chemins menaient des bords de la lagune
Au grand Temple. Le lac, propriété commune,
Était couvert d'îlots flottants que des rameurs
Poussaient et qui semblaient des corbeilles de fleurs[1].

Ahuizotl termina le Temple ; les beaux arbres
Des forêts, les stucs blancs, les métaux et les marbres
S'unirent pour finir dans son énormité
Le vaste monument par les dieux habité.
Or, Ahuizotl le fit avant tout formidable
Afin qu'en cas de guerre il fût inabordable ;
Au sommet, les deux dieux adorés avaient l'air
De garder la vallée immense ; l'outremer
Des cieux les couronnait d'un ineffable dôme ;
De l'or et des joyaux à payer un royaume
Les couvraient d'un manteau radieux. Chaque nuit
Cent prêtres les veillaient et, de très loin, le bruit
De leurs chants s'entendait confus dans le silence.

---

[1] Les chinampas, jardins, formés aux bords des lacs par un amas de terre, entassée sur des claies d'osier et retenue par des bordures de nattes.

Mexitli du bras droit brandissait une lance,
Sa main gauche tenait un large bouclier,
Un serpent enroulé lui servait de collier
Et de fauves éclairs sortaient de ses prunelles.
Près de son compagnon, des lampes éternelles
Brillaient, mettant des points d'or sur son front puissant;
Des ossements humains que l'on baignait de sang
Se tassaient sous leurs pieds dans une crypte obscure,
Les cœurs tout chauds encor leur servaient de pâture,
Et l'on voyait le long des roides escaliers,
A chaque marche, deux crânes blancs. Les piliers
Et les murs étaient peints en rouge. Quatre portes
Donnaient accès au temple et de fortes cohortes
De guerriers constamment les gardaient. Des odeurs
Acres, des cris, toujours, montaient des profondeurs.

Les voisins des Méxis voyant le temple sombre
Songeaient à leurs vaincus et se cachaient dans l'ombre.
. . . .
Tel était en ces temps le grand Téocalli
Consacré par les rois au divin Mexitli.

Siècles ! jours du passé ! de cette masse altière
Que reste-t-il ? La nuit sur un peu de poussière :
Dès son achèvement, ses jours était comptés,
Et la fin approchait des Mexis indomptés ;
Colomb, quittant alors les rives du Vieux Monde,
Voguait vers le Nouveau, par les déserts de l'onde
Et, sondant du regard l'immensité des cieux,
Dans ses rêves voyait son but mystérieux.

Mexico, Juin 1884.

AMOURS DE VOLCANS

A LOUIS FRÉCHETTE

> L'Iztaccihuatl (la Femme blanche) et le Popocatepetl (le Mont qui fume) sont deux géants qui s'aimaient au commencement du monde.
> (Légende Aztèque).

Avant l'éclosion des fragiles amours,
Quand tout semblait dormir encor dans la nature,
Quand la terre voyait l'aurore de ses jours,
Quand l'océan rêvait à sa splendeur future,

Deux géants dont le front se perdait dans les cieux,
Deux grands monts où déjà couvaient les avalanches,
En vinrent à s'aimer sous l'œil tendre des dieux,
Ainsi que deux oiseaux, dans leur nid, sous les branches.

Amours de Volcans. 93

A peine avaient-ils vu briller quelques soleils,
Ils ne connaissaient pas la profondeur des plaines,
Mais, se voyant de loin, hauts, superbes, pareils,
Ils voulurent mêler leurs puissantes haleines.

La neige et les sapins couvraient leur nudité ;
Ils étaient blancs tous deux au front, noirs à la base,
Et, que mugît l'hiver, ou que brûlât l'été,
Ils s'admiraient l'un l'autre en une longue extase.

Quand le vent bruissait, ils frémissaient béants,
Se sentant caressés par la même caresse,
Et les monts plus petits regardaient ces géants
Dont le cœur de granit palpitait de tendresse.

Mais, ne pouvant bouger, ils laissèrent tous deux,
Sur les champs, les coteaux, les prés et les ravines,
Tomber comme des bras des torrents écumeux
Qui s'en allaient mêlant leurs ondes cristallines.

Puis, les pins s'étageant au-dessus des cyprès
Formèrent comme un pont reliant les crevasses,

Et, sous le vert manteau des profondes forêts,
Les monts purent enfin joindre leurs fortes masses.

Or, un soir qu'ils étaient là, rudes, frémissants,
La brume les couvrant d'un voile impénétrable,
Comme d'un vase d'or on voit fumer l'encens,
On vit jaillir du feu de leur front vénérable.

La flamme grandissait, montait, léchait les cieux,
Une clarté sanglante illuminait l'espace ;
Les volcans se dressaient, énormes, radieux,
En faisant éclater leur noire carapace.

Debout, dans un concert de profonds craquements,
Sentant leur cœur s'ouvrir comme un immense gouffre,
Ils s'envoyaient de loin, effroyables amants,
Les baisers embrasés de leurs lèvres de soufre...
. . . .

Des siècles ont passé ; les monts s'aiment encor ;
Les glaces ont éteint le feu de leurs abîmes,
L'aurore, en les baignant de sa lumière d'or,
Met de roses reflets sur leurs neigeuses cimes.

Mais, quand tombe la nuit, quand on ne peut les voir,
En se parlant d'amour, ils ébranlent la terre,
Et l'on entend monter dans le silence noir
Les effrayants soupirs de leur bouche-cratère....

Mexico, Novembre 1885.

LE SACRE
DE MOTEUCZOMA ILHUICAMINA
5ᵐᵉ ROI DE TENUCHTITLAN

A ÉMILE AUGIER

> XIII Tecpatl (1440). Les Anciens et les Électeurs se réunirent pour choisir un nouveau roi. Ils nommèrent Moteuczoma Ilhuicamina, et cette nomination fut acceptée par les rois alliés et applaudie par le peuple.
> (Chroniques).

I

Vers l'an Treize Tecpatl (quatorze cent quarante),
Izcoatl étant mort, Moteuczoma fut roi ;
Ténuchtitlan était déjà prépondérante,
Ses armes inspiraient le respect et l'effroi.

* * *

On vient de terminer les superbes obsèques
Du roi mort et sa ville est pleine de douleur,

Le Sacre de Moteuczoma Ilhuicamina.

Car Izcoatl trois fois vainqueur des Tépanèques
Délivra les Mexis d'un voisin querelleur.

. . . .

**
* *

Les guerriers, les vassaux et les grands vont attendre
Le nouveau souverain dans le palais des rois,
Pour lui prêter hommage, et, devant tous, lui rendre
Les honneurs mérités par ses nombreux exploits.

L'endroit où la noblesse aztèque est assemblée
Est un salon carré ; le sol est recouvert
D'une natte de joncs frais, de fleurs étoilée,
Les murs sont tapissés d'un tissu rouge et vert
De coton alterné de soie ; une courtine,
Chef-d'œuvre merveilleux des Tzapotèques, court
Le long des hauts lambris ; des clous de serpentine
La fixent au plafond. D'un grand dais, tombe un lourd
Voile d'or entourant le trône ; des poutrelles
De cèdre et d'acajou forment plafond ; des fleurs,
Des plumes, des cailloux aux vives étincelles
Pavoisent ce décor d'éclatantes couleurs.

Le Sacre de Moteuczoma Ilhuicamina.

Dans le fond de la salle, au milieu des peintures
Mystiques rappelant les choses d'autrefois,
Un siège recouvert de précieuses tentures
Attend le successeur des quatre premiers rois.

Il paraît..... aussitôt l'assistance se range
Par files tout le long des murs : les chevaliers
Ocelots et Cauthins,[1] invincible phalange,
Se groupent en frappant du poing leurs boucliers.

Les nobles sont vêtus de longs manteaux de plumes
Brodés de fils d'argent; des colliers, des joyaux,
Prix d'exploits personnels, décorent leurs costumes
Et rappellent à tous leurs services loyaux.

Les chevaliers, couverts de leurs mâles insignes :
Un grand aigle ou la peau d'un tigre, sur deux rangs,
S'avancent, précédés des Anciens les plus dignes
Et suivis à dix pas des braves vétérans
Des guerres d'Izcoatl. Une bruyante foule
Accourt vers le palais, apporte des rameaux,

---

[1] Les deux ordres de chevalerie chez les Aztèques : les Tigres et les Aigles.

Le Sacre de Moteuczoma Ilhuicamina.

Et comme un long torrent elle mugit et roule
A travers les marchés, les places, les canaux.....

Moteuczoma revient de sa visite au temple ;
Les prêtres l'ont béni sur les derniers degrés,
Après l'avoir couvert d'une robe très ample
Jaune et brodée en noir des signes consacrés.

Il marche vers le trône et chacun se prosterne
En étendant les bras, suivant le rite ancien,
Pendant que le doyen des seigneurs lui décerne
Le copilli[1] royal que le peuple a fait sien.

La foule à ce moment par un long cri l'acclame ;
Le roi de Tacuba s'avance d'un pas lent,
Fait serment d'alliance, et, devant tous, proclame
Moteuczoma le Fort, roi de Ténuchtitlan.

Le roi de Tezcuco prend alors la parole,
Chacun subitement se tait pour écouter,
Car Netzahualcoyotl porte au front l'auréole
Du poète et jamais nul ne sut mieux chanter.

[1] Couronne, sorte de mitre faite de plumes précieuses.

Il a les nobles traits d'un mage ou d'un prophète ;
A la haute éloquence, il est accoutumé ;
Sur un rythme traînant, d'une douceur parfaite,
Voici comment il parle au nouveau roi charmé :

>Roi ! permets que ma voix implore
>Tout d'abord, le secours des dieux :
>La terre, la mer et les cieux,
>Tout nous vient d'eux, tout les adore ;
>Puissent-ils bénir mes accents !
>Sans eux, mes efforts impuissants
>Laisseraient muette ma langue ;
>Par eux, pénétrant les esprits,
>Mes humbles vers seront compris,
>Les cœurs entendront ma harangue :

>Les hommes sont comme les fleurs
>Qui s'entrouvrent avant l'aurore,
>Et que le jour naissant décore
>Des plus chatoyantes couleurs ;
>Elles naissent pour qu'on les cueille,
>Pour que la brise les effeuille,

Elles ne durent qu'un instant ;
L'homme naît et ne vit qu'une heure
Qu'il chante, qu'il rie ou qu'il pleure,
Sur sa porte la mort l'attend.

Ah! que d'hommes et que de choses,
Que de rois, que de courtisans,
Ont passé depuis que les ans
Glissent doux, tristes ou moroses !
Les monts noirs, les ciels gris ou bleus,
Les glaciers qui dorment frileux,
Ont vu mourir plus d'une race ;
Ils conservent leur majesté
Cependant que l'homme emporté
Vers la nuit, dans un éclair passe.

Nous sommes et ne sommes pas :
Nous allons bruyants ou paisibles,
Comme des ombres invisibles,
Sans laisser trace de nos pas ;
A moins qu'aux fastes de l'histoire
Nous ne marquions d'un trait de gloire
Notre nom si petit qu'il soit :

La chair meurt, mais un grand fait reste,
Une page écrite l'atteste,
Et de siècle en siècle il s'accroît.

Izcoatl, ô roi tutélaire !
Tu nous as pour jamais quittés ;
Mais tes mânes sont respectés
Par ton peuple qui te révère
Dans la longue nuit où l'on dort,
A côté de ton père mort,
Couche-toi, soleil, dans ta gloire ;
O roi ! le plus grand de nos rois,
Ni tes vertus ni tes exploits
Ne mourront dans notre mémoire.

Et toi ! frère Moteuczoma,
Toi, dont on connaît la bravoure,
Toi, que notre tendresse entoure,
Et qu'un peuple entier acclama,
Accepte de ma foi, l'hommage ;
Joins partout justice et courage ;
Prends pour égide l'équité ;
Sur le palais, sur la chaumière,

Épands égale la lumière
De ta sereine majesté.

Il ne faut pas que dans ton œuvre
Se glissent du mal, les noirceurs,
Comme on voit, au milieu des fleurs,
Se glisser parfois la couleuvre ;
Quel que soit ton glorieux rang,
Si tu veux être vraiment grand,
Écoute la voix populaire ;
Médite longtemps tes projets ;
N'écrase jamais tes sujets
Du poids trop lourd de ta colère.

Je marcherai dans ton chemin
L'œil fixé sur ta noble trace,
Et ma cour, mon peuple, ma race,
A ta race tendront la main.
Ah ! que nul ne te soit rebelle,
Soit bon, sois fort, ta route est belle,
Marche puissant et radieux ;
Sois notre guide et notre exemple ;

Et maintenant, dans le grand temple,
Allons, ô roi ! prier les dieux !

II

Pour que chacun des dieux des Aztèques protège
Le régime nouveau qui vient d'être établi,
Les rois et les seigneurs suivis de leur cortège,
Vont prier aux autels dans le Téocalli.

Les ministres divins attendent à la porte
Du sanctuaire. Au loin, le cortège royal
Vient à pas lents, autour du souverain qu'on porte
En triomphe, au sommet du monument central.

Arrivé là, le roi se penche vers la terre,
Et la touche des mains, des lèvres et du front ;
Le sacrificateur, près de lui, sombre, austère,
Tient dans les mains de grands dards d'agavé qu'il rompt.

Un prêtre fait glisser une longue courtine,
Soudain, Moteuczoma voit Huitzilipochtli ;
Trois fois devant le dieu de la guerre il s'incline,
Puis, posant à ses pieds son sceptre d'or poli,

Il jette ses habits par-dessus les murailles,
Des mains du prêtre prend les pointes d'agavé,
Et, se zébrant les chairs de profondes entailles,
Il regarde son sang couler sur le pavé.

Après avoir brûlé dans une cassolette
Du liquidambar pur, il encense les dieux,
Puis les points cardinaux, puis le soleil qui jette
En cet instant des flots de clarté dans les cieux.....

Un prêtre étanche alors le sang de ses blessures,
Qui descend en ruisseaux sur ses jarrets nerveux ;
De minces lames d'or on lui fait des chaussures,
On l'oint d'huile de palme, on natte ses cheveux.

Les deux rois alliés s'approchent et l'habillent
D'une tunique pourpre ; ils lui couvrent le front
De la mitre royale où cent joyaux scintillent,
Il lui donnent son glaive et son bouclier rond.

Puis le héraut annonce au peuple que propices,
Les dieux sacrent le roi dans ce même moment ;
Que, pendant qu'on procède aux derniers sacrifices,
Il viendra prononcer le solennel serment.

Et, pendant que le prêtre aux pieds des dieux immole,
Sur chacun des autels, dix couples de perdrix,
Le roi Moteuczoma debout, prend la parole
Au milieu du tumulte ; on l'acclame à grands cris :

« Devant tous, sur le nom des ancêtres, je jure
« De faire respecter les dieux choisis par eux ;
« De montrer sans répit une conduite pure,
« D'être juste toujours et toujours valeureux !

« Je saurai contenter les prêtres et vous, frères,
« Je lutterai pour vous, vous vaincrez avec moi ;
« Et je ferai des jours radieux et prospères
« Au peuple dont le sort m'a daigné faire roi. »

Les dieux sont satisfaits, la foule est en délire ;
Le roi descend alors, en de sombres caveaux
Où pendant plusieurs jours il reste pour élire,
Parmi tous ses sujets, les conseillers royaux.

Après ce temps d'exil et de jeûne sévère
Il faudra que, suivant l'usage des aïeux,
A quelque peuple fort il déclare la guerre
Pour avoir des vaincus à présenter aux dieux....

III

Moteuczoma fut grand. Sous lui, la petite île
Des Mexis prospéra ; ce n'était qu'une ville,
  Ce fut un empire puissant.
Il subjugua les rois jusqu'aux rives mixtèques,
Et sut leur imposer les cruels dieux aztèques,
  Et leur religion de sang.

Il fit de fortes lois, il fit de rudes guerres ;
Il conquit maints pays pour accroître ses terres ;
  Il respecta ses alliés ;
Et, quand la mort le prit au milieu de sa gloire,
Il avait décuplé son ancien territoire
  Et voyait vingt rois à ses pieds.

Pendant qu'il entassait conquête sur conquête,
Calme, dans son palais lointain, le roi-poète
  Chantait la nature et les dieux.
Sans répandre de sang, ni doubler son domaine,
Il fit grande pourtant la cité tezcucaine
  Par ses hymnes mélodieux.

Songeant aux jours amers de sa rude jeunesse
Quand chassé de son trône, abreuvé de tristesse,
    Il allait banni, seul, souffrant,
Il fut bon pour son peuple, il fut doux, magnanime ;
Et sa patrie, enfin, en ce vote unanime,
    Lui donna le titre de Grand.

Sous le joug du roi fort que la victoire nomme,
Tenuchtitlan devint de l'Anahuac, la Rome ;
    Ses armes firent son pouvoir ;
Tandis que Tezcuco, sans guerres et sans haines,
Dans les arts prospéra comme autrefois Athènes,
    Et domina par son savoir.

Mexico, Septembre 1887.

LES VIEILLARDS

A ÉMILE PLIQUET

Un matin, le soleil surgit fauve et superbe ;
Il monte dans les cieux ruisselants de clarté,
Et, des cèdres géants au plus mince brin d'herbe,
La campagne tressaille en pressentant l'été.

Après les jours de pluie, après la saison triste,
Les lacs des hauts plateaux sommeillent attiédis ;
Dans leurs tranquilles flots aux reflets d'améthyste,
Les schinus, près des bords, se mirent reverdis.

Les aigles ont ouvert leurs ailes toutes grandes
Et planent sur un fond de lapis-lazuli ;

Les Vieillards.

Les forêts, les coteaux, les champs fleuris, les landes,
Tout le val embaumé de printemps s'est empli.

Les oiseaux dans les bois animent le feuillage
Et commencent leurs nids au doux bruit des chansons;
Des ruisselets bavards traînent leur babillage
Par les prés de velours, à l'ombre des buissons.

Au milieu de son lac, Ténuchtitlan la blanche
Émerge des roseaux comme un îlot nacré
Et, pour se contempler, coquette, elle se penche
Sur le flot transparent par le soleil doré.

* * *

Voici que les vieillards, au seuil de leurs chaumières,
S'arrêtent clignotants et regardent surpris
Les lacs pleins de reflets, les cieux pleins de lumières,
Les monts et les jardins, les fleurs, les colibris ;

Les froids sont donc passés !..... Un regain de jeunesse
Monte du cœur sénile au front en cheveux blancs,
Et, vers les bords du lac tapissés d'herbe épaisse
Les vieux ragaillardis s'en vont à pas tremblants.

Les Vieillards.

Ils sortent lentement des faubourgs de la ville,
Ils prennent la chaussée en hésitant un peu.....
Le Popocatépetl, dans l'air léger s'effile
Sous son manteau glacé cachant son cœur de feu.

C'est le vieillard des monts ; il lève haut la tête,
Majestueux, sévère et brumeux le matin ;
Mais, aujourd'hui, le gai soleil lui faisant fête,
Une auréole d'or nimbe son front hautain.

« Salut volcan ! salut ami ! tu te redresses
Dans ta splendeur auguste et ton éternité,
Cependant que le temps vient de ses mains traîtresses
Appesantir les jours sur notre dos voûté..... »

* * *

Les vieux se sont assis au revers de la plaine,
Tout près de leur cher lac ; de même qu'autrefois,
Heureux, à pleins poumons, ils respirent l'haleine
De la brise apportant les senteurs des grands bois.

Autour d'eux, des enfants folâtrent dans les herbes,
Dénichent des oiseaux, ou courent effarés,

Leurs mères, les couvant du regard, font des gerbes
De nénuphars d'azur et de glaïeuls pourprés.

Quelques jeunes guerriers, plus loin, causant ensemble,
Contemplent un aïeul, aux pas mal affermis,
Songeant avec respect que ce vieillard qui tremble
A jadis fait trembler d'orgueilleux ennemis.

* * *

Sous l'astre rutilant aux généreuses flammes,
Réchauffant, pleins de froid, leurs vieux membres lassés,
Au milieu des enfants, des guerriers et des femmes
Les Aïeux, sans chagrin, songent aux jours passés.

Leur force a disparu; la mort déjà s'approche;
Bientôt, ils s'en iront dormir le long sommeil;
On brûlera leur corps sur un quartier de roche,
Et leur esprit prendra l'essor vers le soleil!

Mais qu'importe la mort! que son bras les terrasse!
Ils laissent de bon fils qui les vénéreront;
Ils laissent grande et forte et leur ville et leur race,
O dieux! à votre gré, courbez leur faible front......

Les Vieillards.

* * *

Sous les arbres gonflés de printanière sève,
Paisibles, n'ayant plus qu'un sang pâle et frileux,
Les vieillards décrépits suivent en eux un rêve
Ou regardent, pensifs, miroiter les lacs bleus.....

Mexico, Mars 1887.

LES FUNÉRAILLES DE TIZOC

7me ROI DE TÉNUCHTITLAN

A CLOVIS HUGUES

> En l'an VIII Tochtli, (1486) Tizoc mourut empoisonné par Téchotlalla, seigneur d'Ixtapalapam et Maxtlato seigneur de Tlachco. Ses funérailles furent célébrées avec beaucoup de pompe et ses assassins mis à mort.
> (Torquemada. Liv. II, chap. LXII).

Tizoc vient de mourir. Sur la royale couche
Étendu sur le dos, les yeux clos et la bouche
    Ouverte et pleine d'un sang noir,
Il paraît sommeiller ; mais sa face hautaine
Garde l'expression d'une effroyable haine
    Et d'un impuissant désespoir.

Les Funérailles de Tizoc.

Entre les dents, il tient une grosse émeraude
Représentant l'esprit ; d'après l'antique mode,
    Avant l'incinération,
Il est vêtu des pieds à la tête, à l'image
Des quatre plus grands dieux aztèques, en hommage
    A leur sainte protection.

Auprès du lit, on voit debout, muets et graves
Les bossus et les nains, les bouffons, les esclaves,
    Les serviteurs aimés du roi,
Qui vont bientôt mourir entre les mains d'un prêtre,
Devant, selon l'usage, accompagner leur maître
    Avec leur rang et leur emploi.

Avant de procéder aux obsèques royales
Le palais est ouvert à tous et, dans les salles,
    Les Aztèques, le long du mur,
S'avancent vers le lit funèbre en une file
Immense où la couleur voyante d'un huepile [1]
    Tache de clair le fond obscur.

---

[1] Huepile, sorte de chemise ou de blouse que les femmes portent par dessus leurs vêtements.

* * *

Or, le roi n'est pas mort de façon naturelle ;
Deux de ses grands vassaux, après une querelle,
    Contre lui se sont mis d'accord ;
Et des sorciers, choisis par eux, ont sur sa tête
Prononcé quatre fois la formule secrète
    Qui fait mourir de male-mort.

Mais les sorciers, surpris pendant leurs maléfices,
Au milieu des tourments ont nommé leurs complices ;
    Tizoc est mort empoisonné.....
Ses lâches ennemis prisonniers des Aztèques
Vont périr pour payer leur forfait, aux obsèques
    De leur seigneur infortuné.

* * *

Le bûcher du monarque est préparé ; dans l'ombre
De l'atrium du temple on voit la pile sombre
    Des bois odorants et sacrés,
Ayant à son sommet la niche où l'on doit mettre
Le corps du roi ; déjà, lentement, le grand-prêtre
    Des autels descend les degrés.

On apporte Tizoc jusqu'en la cour centrale ;
Le prêtre le reçoit, le baigne d'eau lustrale
  Et lui coupe ses longs cheveux ;
Puis les Téopixquis[1] nus, peints en noir, le portent
Au sommet du bûcher qu'on allume, et d'où sortent
  Bientôt les cent langues des feux.

Et tandis que le corps embrasé se consume
Et que sur le foyer qui pétille et qui fume
  On met du copal par monceaux,
L'un des plus grands seigneurs se lève et dit la vie,
Les vertus de Tizoc, victime de l'envie
  Des deux misérables vassaux.

Les criminels, vêtus d'une étoffe grossière
Sont alors amenés tout souillés de poussière,
  Entre deux files de guerriers.
Rien chez les prisonniers n'indique plus leur titre,
Ils portent sur le front la dégradante mitre
  Des traîtres et des meurtriers.

---

[1] Téopixqui — serviteur des dieux.

Les sorciers sont d'abord lapidés par la foule,
Qui monte vers le temple et vient, bruyante houle,
    Se briser sur son mur puissant ;
Puis les seigneurs félons, étranglés sur la place,
Sont coupés en morceaux que l'âpre populace
    Se répartit en rugissant.[1]

D'autres bûchers, alors, dardent de hautes flammes :
Les derniers serviteurs de Tizoc et ses femmes
    Vont subir leur rigoureux sort ;
Sachant que rien ne peut empêcher leur supplice,
Chacun d'eux se prépare au sombre sacrifice
    Et regarde en face la mort.

Le sacrificateur les étend sur la pierre ;
En adressant aux dieux une courte prière,
    Il fouille leurs douloureux flancs,
Leur arrache le cœur que l'on porte aux idoles,
Puis, dans les bûchers noirs aux rouges auréoles,
    On jette leurs débris sanglants.

---

[1] Les Aztèques poussaient la vengeance jusqu'au cannibalisme ; ils dévoraient sans scrupules les cadavres de leurs ennemis.

Tous devant dans la nuit servir encore leur maître,
Au moment de mourir on les force à promettre
    De toujours rechercher son bien.
Sous un ciel étranger ils revivront sans doute
Et pour les bien conduire en leur suprême route
    On va sacrifier un chien :

Le téchichi sacré, qui, dans les sombres mondes,
Les guidera sans peur des ténèbres profondes
    Et des embûches des méchants.....
Les feux ardent plus fort ; leur éclat illumine
La ville, et le bruit sourd de leur rage domine
    Les cris sinistres et les chants.

La cour qui s'est groupée au hasard dans le temple
Dit les hymnes prescrits ou se tait et contemple
    Sans horreur, ce drame effrayant.
La nuit est descendue et, brisant ses ténèbres
Les brasiers crépitants sur leurs charges funèbres,
    Érigent leur front flamboyant.

Le grand Téocalli sous la lueur qui bouge
Prend un air fantastique et se dresse tout rouge
    Vers les larges cieux constellés ;

Autour du monument, les spectateurs livides
S'agitent, aspirant les effluves fétides
  Qui s'exhalent des corps brûlés.

Des vendeurs ambulants vantent leurs marchandises :
Viandes sèches et fruits, galettes, friandises
  Aux innombrables assistants,
Qui, voulant jusqu'au bout voir la cérémonie,
Mangent en écoutant les longs cris d'agonie
  Qui s'affaiblissent par instants.....

Et les peuples vaincus, sortis de leurs chaumières,
Des bords du lac obscur regardant les lumières
  Qui circulent dans la cité,
Songent pleins de terreur à leurs vainqueurs féroces,
A leur valeur étrange, à leurs mythes atroces,
  A leur longue prospérité.....

   * ** *

Le jour paraît..... au ciel, un fauve soleil brille
Éclairant l'atrium du temple immense où grille
  Encor quelque lambeau de chair.

Il monte, sa lueur emplit bientôt l'espace,
Vernissant les maisons, les canaux et la place,
    Sous son baiser torride et clair.

Les prêtres ont trouvé parmi la cendre chaude
Du bûcher de Tizoc, sa royale émeraude ;
    On va l'unir, selon les lois,.
A ses cheveux gardés dans l'urne cinéraire
Près des derniers débris d'Axayacatl son frère,
    Dans la paix du tombeau des rois.....

Mexico, Octobre 1886.

JEUNES JILLES AZTÈQUES

A LOUIS LEJEUNE

Autour des puits frais, près de la maison,
Sourire à la bouche et mains aux épaules,
Les vierges Mexis sur le vert gazon
      Dansent sous les saules.

Leurs longs cheveux noirs flottent dans le vent,
L'écharpe à leur cou met de blanches ailes,
Elles vont sautant et se poursuivant
      Comme des gazelles.

Sous leur jupe rouge on voit leurs pieds nus,
Nus comme leurs bras et leur doux visage ;

Leurs seins tout petits battent contenus
    Par un court corsage.

Les hauts agavés et les maïs verts
Encadrant le groupe en ses simples poses ;
De larges flamants passent dans les airs
    En bataillons roses.

Les oiseaux des bois gazouillent, joyeux,
Et font un orchestre aux danseuses brunes ;
Le soleil scintille au fond de leurs yeux
    Comme en des lagunes.

Le soleil couchant semble un disque d'or,
Les ombres déjà descendent perfides ;
Dans l'herbe, pourtant, reposent encor
    Les canthares [1] vides.

Vierges aux yeux noirs, laissez les chansons,
Les jeux et les ris, refermez vos ailes,
Car, dans l'ombre on voit sous les grands buissons,
    Flamber des prunelles :

---

[1] Canthare — Vase en poterie, muni de deux anses.

De jeunes guerriers, de plaisir tremblants,
Viennent épier vos secrètes grâces ;
O vierges ! craignez les propos galants
    Et cachez vos traces.

Il est presque nuit, songez au retour,
Au ciel vont briller les lampes nocturnes ;
Dans le bassin clair allez tour à tour,
    Emplir d'eau vos urnes....

Canthare à l'épaule et cambrant les reins,
Les vierges s'en vont blanches sous leurs voiles ;
Et, bientôt, on voit en leurs noirs écrins
    Luire les étoiles....

Mexico, Octobre 1886.

TULTÉCATL

A GUSTAVE DE COUTOULY

> Tultécatl après avoir défendu Atlixco contre les troupes aztèques fut victime des dissensions survenues entre les prêtres et le peuple. Exilé, il se réfugia dans la province de Chalco où il fut fait prisonnier et livré à Ahuizotl, 8me roi de Ténuchtitlan.
>
> TORQUEMADA (Liv. II, chap. LXVI).
>
> A cette même époque (1498), Ahuizotl fit la guerre aux Zapotèques d'Oaxaca et de Xoconochco et revint vainqueur.
>
> TEZOZOMOC (Chroniques, chap. LXXVII).
>
> Le sacrifice le plus célèbre chez les Mexicains était le sacrifice des gladiateurs *(sacrificio gladiatorio)*. Il était réservé aux chefs des ennemis vaincus. Le prisonnier attaché par un pied à une large pierre ronde, le Témalacatl, luttait contre un guerrier mexicain. S'il tuait, l'un après l'autre, sept adversaires, il était remis en liberté ; s'il était vaincu, son vainqueur obtenait du roi une récompense.
>
> CLAVIGERO, liv. VI.

Ahuizotl est vainqueur du Zapotèque altier,
Et fête le triomphe éclatant de ses armes :

Ténuchtitlan s'emplit de chants et de vacarmes,
Tout le peuple est debout, et, dans chaque quartier
S'agite et s'agglomère une imposante foule ;
Femmes, guerriers, vieillards, marchent à pas pressés
Vers le grand Téopan. Les autels sont dressés
Aux pieds de Mexitli ; le sang à torrents coule
Et l'effroyable dieu n'est pas désaltéré.
Lui portant son tribut de guerre et de carnage,
Aujourd'hui l'Empereur viendra lui rendre hommage,
Tout pour le sacrifice est déjà préparé.

Près du Téocalli dont la puissante masse
Semble un monstre accroupi sur le sol rocailleux ;
Les prêtres lentement allument de grands feux
Où fument des monceaux d'encens ; sur la terrasse
Du temple, d'autres feux consument les débris
Des prisonniers vaincus offerts au dieu la veille ;
Et la foule, à l'entour, à l'océan pareille,
S'agite et remplit l'air d'épouvantables cris.

Plus loin, lugubre et noir, sur une plateforme
De monstrueux dessins couverte jusqu'en haut

Souillé de sang figé comme un vil échafaud,
Le noir Témalacatl étend son disque énorme.

L'Empereur !.....
        Brusquement, chacun s'est prosterné
Pour ne le point heurter d'un regard sacrilège ;
Il s'avance au milieu d'un splendide cortège
Vers un trône imposant de fourrures orné.

Son long manteau tout blanc, autour du cou s'attache
Par un lacet d'argent passé sous le menton ;
Sa robe et son pourpoint, faits du plus beau coton,
Sont brodés de dessins merveilleux ; un panache
De plumes que retient une mitre d'or pur
Met sur son front fuyant, ses ondoyantes gerbes;
Ses poignets sont cerclés de bracelets superbes
D'où pendent des rubis et des pierres d'azur.
De la main droite il tient son sceptre ; de la gauche
Sur un long javelot il s'appuie en marchant ;
Son visage bronzé ne paraît pas méchant,
Un souris, par instants, sur ses lèvres s'ébauche.

Il s'assied et sa cour l'entoure lentement,
Les seigneurs les plus grands à ses pieds prennent place ;
Guerriers, pages, bouffons, chacun selon sa classe,
S'étagent l'encadrant de leur rayonnement.

Un frisson, tout à coup, agite l'assistance :
Tultécatl, en fureur, est brusquement traîné
Vers le Témalacatl ; par un pied enchaîné,
Il se dresse hautain, prêt à la résistance.

Comme un géant de bronze, impassible, il attend
L'ennemi qui bientôt doit entrer dans la lice ;
Promenant son regard des apprêts du supplice
A l'imposante cour du monarque éclatant.

De noirs Téopixquis, viennent du fond du temple
Se grouper en silence, aux pieds du prisonnier ;
Sur le corps des vaincus ils vont s'ingénier
Aux plus cruels tourments. Leur vêtement très ample
Est sombre et laisse à nu leurs genoux et leurs bras ;
Leurs membres sont frottés d'une huile très épaisse
Et leurs rudes cheveux nattés en une tresse

Tultécatl.

Suivant le rite ancien, descendent jusqu'au bas
De leurs jarrets.
        Clameurs !.....
                Un vieux guerrier se lève
Et déclare qu'il veut combattre le captif.
L'Empereur ayant fait un geste approbatif,
On jette à Tultécatl un écu puis un glaive [1].

Tels deux grands ocelots s'attaquent dans les bois,
Aiguisent sur le sol leurs griffes acérées,
Grincent des dents, arquant leurs poitrines cambrées,
Et réveillant l'écho des éclats de leurs voix,

Tels, les deux ennemis se dressent face à face,
Tendent leur bouclier du bras gauche, et, courbés
Sous l'ovale puissant des chimalis [2] bombés.
Ils jettent un grand cri qui déchire l'espace.

Tultécatl a levé son glaive ; prêt au choc,
Il attend sans bouger les coups de l'adversaire ;

---

[1] Le macahuitl aztèque était une sorte de glaive de bois bordé de coquilles tranchantes en obsidienne.
[2] Le bouclier aztèque.

Parant sans riposter, pareil au belluaire
Qui choisit l'endroit sûr pour plonger son estoc.

Rejetant brusquement tout le torse en arrière,
Il pare un dernier coup; puis, d'un élan soudain,
Son glaive fend en deux le front du Mexicain
Qui tombe foudroyé près de lui, sur la pierre.

Saignant, suant, vainqueur, il lance un fier regard
Sur la foule innombrable autour de lui groupée,
Cependant que sa main droite de sang trempée,
De loin, semble insulter au royal étendard.

Le peuple éclate en cris, il demande vengeance;
Cinq guerriers, à leur tour, combattent corps à corps
Contre le prisonnier qui, presque sans efforts,
Les étend à ses pieds, superbe d'arrogance.

Mais, épuisé, râlant, déjà mort à demi,
Il sent que la fatigue a vaincu son courage;
Il ne peut plus lutter, et, frémissant de rage,
Il tombe sous le bras du septième ennemi.....

Tultécatl. 131

Le grand-prêtre s'approche et lui fend la poitrine,
En arrache le cœur encor tout palpitant
Et le porte à l'autel de ses dieux, en chantant
Les hymmes que prescrit sa terrible doctrine.

Puis, les Téopixquis déchirant en morceaux
Les vaincus mutilés les jettent à la foule ;
Qui, d'écumeux octli [1], de sang, de bruit se sâoule [2]
Et mêle ces débris aux fanges des ruisseaux.....

L'orgie enfin s'achève et, déroulant ses voiles,
Sur le Temple la nuit met sa tranquillité ;
Les chants et les clameurs cessent dans la cité
Et dans les cieux en deuil s'allument les étoiles.

Mexico, Janvier 1884.

[1] Octli — Liqueur alcoolique produite par la fermentation de la sève de l'agavé mexicain.

[2] Les lois aztèques punissaient très sévèrement l'ivrognerie. On la tolérait seulement pendant quelques fêtes ou après une grande victoire.

LIZZOULI

A Mlle A. D.

Légende dans le goût des Poètes Aztèques.

> Les Aztèques aimaient la poésie et leur langue poétique était belle, brillante, pleine de figures agréables ; les fleurs, les oiseaux, les torrents y servaient aux comparaisons.
> CLAVIGERO (liv. VII).

I

La nuit — Dans le ciel clair passe en rêvant la lune ;
Sous ses rayons d'argent resplendit la lagune
Mexi ; le vent léger bruit dans les roseaux
Et soupire en ridant la surface des eaux ;
Dans l'ombre, des senteurs fraîches et des murmures
Montent des bois profonds. Cachés dans les ramures

Le zenzontli[1] moqueur jase au bord de son nid ;
Une ineffable paix tombe de l'infini.

＊

Le Chœur :

« A cette heure où la nuit habille de mystère
Les cieux dont les yeux d'or s'entr'ouvrent et la terre
Qui partout s'assoupit, quelle est donc cette enfant
Aux regards effarés, qui, d'un pas hésitant
S'avance vers les bords du lac ? Grave et tremblante
Elle vient arrêtant parfois sa marche lente
Pour jeter un regard en arrière ; souvent
Elle frémit au bruit capricieux du vent.....
Est-ce toi Lizzouli ? ta beauté rose et brune
Blémit sous les rayons opalins de la lune ;
Tendre fleur d'Anahuac, vierge innocente encor,
Qui t'amène en ces lieux à cette heure où tout dort ?
Ce n'est pas le plaisir de mirer ton image
Dans le lac, il fait noir ; est-ce un triste présage ?

[1] Zenzontli, l'oiseau moqueur, le rossignol mexicain.

Viens-tu faire une offrande au dieu des lacs d'argent ?
Tes yeux ont vu peut-être au fond du ciel changeant
L'étoile, qui brillait le jour de ta naissance,
Pâlir et s'abîmer et tu crains son absence ?
Non, chère Lizzouli, c'est l'amour n'est-ce pas,
Qui t'amène et qui fait trembler ainsi tes pas ?
C'est l'amour qui t'attire, ô vierge ! sur la grêve ;
C'est lui qui dans ton être, a fait éclore un rêve.....
Amour soutien du faible ! Amour grandeur des forts !
Béni soit le cœur pur qui garde tes trésors !
Fleuris fleur ! luis étoile, en la nuit parfumée !
Lizzouli, Lizzouli, te voilà donc aimée !.....
A l'heure du mystère ; assis près des roseaux,
Écoutant le murmure harmonieux des eaux,
Ton ami, le cœur plein de joie et de tendresse,
T'attend..... Mais non ! d'où vient que tu pleures ? serait-ce
Que celui dont tes yeux un jour se sont épris
Dédaigne ton amour ou ne l'a point compris ?
O vierge aux longs cheveux ! la vague qui déferle,
Comme un sinistre avare emportant une perle,
Prend tes pleurs en passant..... Pourquoi ces longs sanglots,
Enfant ? Pourquoi pleurer en regardant les flots ?

L'amour est immortel, il renaît de sa cendre,
Il renaîtra pour toi, plus charmeur et plus tendre ;
Conserve dans ton sein la fleur du souvenir,
Espère, ton ami t'aime et va revenir..... »

. . . .

* * *

Lizzouli, lentement, dans une sombre extase
S'avançait vers le lac ; ses pieds bruns dans la vase
S'enfoncèrent bientôt ; l'eau vint la caresser ;
Doucement, tendrement, affreuse, sans cesser
Sa caresse, elle prit ses seins, son cou, sa bouche...
Tout son corps s'enlizait mais, son regard farouche
Se fixait, dans le ciel, sur un astre très clair.
Puis, l'eau cacha ses yeux, ses mains battirent l'air,
Sur ses cheveux flottants le lac ferma son onde....
La lune se voila, la nuit devint profonde,
Une plainte monta vers le noir firmament
Et le vent dans les bois gémit lugubrement...

* * *

LE CHŒUR :

« Dors, pauvre Lizzouli, les paupières ouvertes,
Dans ton manteau mouillé de joncs et d'herbes vertes.
Dors ! la mort a coupé ta jeunesse en sa fleur.
O toi ! qui ne sus pas supporter la douleur,
Puissent les dieux peser ta force et ta souffrance
O vierge ! et pardonner à ta désespérance..... »

II

Mais Tlaloc, dieu des eaux, aperçut Lizzouli
Dont le beau corps gisait sous l'onde enseveli.
Par son ordre aussitôt ses ondines timides
L'emportèrent au fond de leurs grottes humides.
Son cœur ne battait plus, ses seins étaient glacés ;
Mais, sous les pleurs brûlants, sous les soins empressés
La pâle jeune fille étonnée et ravie,
Respira faiblement et revint à la vie.
Triste et tremblante encore, elle narra comment
L'amour l'avait réduite au suicide : l'amant

Qui devait l'épouser s'était fatigué d'elle
Et, faussant tous serments, sans honte, l'infidèle
Était parti furtif, dédaignant son amour.
Confiante, elle avait espéré son retour,
Mais en vain ; le cruel riait de sa tendresse ;
Alors, s'abandonnant au chagrin qui l'oppresse.
Pleine de désespoir, en invoquant Meztli [1],
Elle avait dans la mort voulu trouver l'oubli
Et voici que sauvée il lui fallait encore
Se rappeler l'ingrat qui fuit et qu'elle adore.

Pris de compassion pour ce grand désespoir,
Tlaloc, maître des eaux, usant de son pouvoir,
En sirène changea l'amante infortunée.
Et lui fit oublier sa sombre destinée,
Depuis, quand sur les monts hautains descend la nuit
Lorsque de son écrin la lune émerge et luit,
On entend tout à coup une voix pure et douce
Qui chante tristement et, dans leur nid de mousse,
Sous les rameaux touffus, éveille les oiseaux ;
Et, souvent, des pêcheurs s'égarent sur les eaux

[1] Meztli — la lune, pâle déesse des amoureux.

En cherchant au hasard, à la clarte douteuse
Des astres, l'inconnue et bizarre chanteuse.
D'aucuns devenaient fous quand vibrait la voix d'or,
Oubliaient tout danger et, prenant leur essor,
Ils sautaient dans les flots pour atteindre à la nage
La charmeuse ; au matin, les vagues à la plage
Portaient en les berçant leurs cadavres meurtris
Et le sable sur eux tendait son linceul gris.
Or, la sirène, un soir, vit s'élancer dans l'onde
Celui pour qui jadis, en sa candeur profonde
Elle voulait mourir ; elle sentit son cœur
Battre et l'ancien amour y rentrer en vainqueur.
Le jeune homme approchait ; la lueur tremblotante
Des astres éclairait Lizzouli palpitante
Qui ne s'enfuyait pas. Au moment où lassé,
L'infidèle sombrait dans les flots, son passé
Reparut à ses yeux ravivant sa tendresse ;
Elle redevint femme et dans une caresse,
Souriante, au nageur elle tendit les mains.
Instant d'amour suivi d'éternels lendemains !
Quand le jeune homme eu dit à Lizzouli ; je t'aime !
Tous deux bouche sur bouche en l'angoisse suprême,

S'unirent pour jamais dans un baiser d'amour.
Le lac les engloutit, mais quand parut le jour,
Des pêcheurs étonnés virent sur une berge
Le cadavre d'un homme et celui d'une vierge
Qui, sous l'aube versant du ciel un jour vermeil,
Enlacés, souriants, dormaient le long sommeil.....

* * *

LE CHŒUR :

« Vous, dont les dieux ont fait revivre la jeunesse
Dans la paix de la mort, adorez-vous sans cesse.....
O Lizzouli ! voici venir le bien-aimé ;
Son cœur faible à présent pour toute autre est fermé ;
Ton amour se fanait pauvrette, à son aurore,
Qu'il renaisse et qu'il vive et qu'il fleurisse encore ! »

Au printemps, quand le lac se recouvre de fleurs,
Les vierges en passant disent : ce sont les pleurs
De Lizzouli qu'on voit fleurir auprès des rives ;
Et pour que leurs amants soient fidèles, pensives

Elles piquent ces fleurs dans leurs longs cheveux noirs.
Elle n'osent, pourtant, venir au lac, les soirs
Sans lune; car on dit que par les nuits bien sombres
On voit s'y promener et s'embrasser deux ombres.

Mexico, Février 1888.

LA VALLÉE DE TÉNUCHTITLAN

VERS 1519

A OCTAVE GOURGUES

Les brises de la nuit modéraient leur haleine,
Des cieux épanouis, descendait sur la plaine
    La blanche clarté du matin ;
Et les monts agitaient dans l'aube leur crinière
De bois vierges ; au sud, une étoile dernière
    Brillait d'un éclat incertain.

Les deux rudes géants qui ferment la vallée :
Le Popocatépetl à la cime voilée
    Par la fumée et les brouillards,

Et l'Istaccihuatl beau comme une vierge pâle,
Se doraient et prenaient des nuances d'opale,
    Sous le soleil jetant ses dards.

Au milieu des sierras, cadre de hautes cimes,
La vallée entr'ouvrait ses fertiles abîmes
    De forêts, de prés et de fleurs ;
Entre les ravins noirs, les collines boisées,
Les plaines s'étalaient superbes, irisées
    Des plus chatoyantes couleurs.

Ici, des agavés projettent une hampe
De fleurs jaunes ; plus loin, une rivière rampe
    Comme une couleuvre d'argent ;
Là, des maïs tremblants balancent leur aigrette,
Là, des cierges géants au revers d'une crête,
    Sous le ciel clair, vont s'étageant.

Ici, de longs rideaux de schinus et d'érables,
Bruissent ; là, des bois de cyprès vénérables
    Se remplissent de chants d'oiseaux ;
Et tout au loin, les lacs sableux que le vent moire
Semblent des boucliers d'argent cerclés d'ivoire
    Jetés au milieu des roseaux.

La Vallée de Ténuchtitlan.   143

Vers l'ouest du plus grand des lacs, la blanche ville
Aztèque, Mexico, sur le fond bleu profile
    Le front de ses téocallis ;
A leurs pieds les palais, les maisons à terrasses,
Se groupent entourant de grands jardins, des places,
    Des canaux de bateaux emplis.

Vers les points cardinaux, quatre larges chaussées
Faites sur pilotis et de forts hérissées,
    Rayonnent droit de Mexico ;
Les villages coquets que le val environne
A la « Perle des Eaux [1] » forment une couronne
    De Tlacopan à Tezcuco.

Le long des escaliers du temple, une cohue
De prêtres, de seigneurs et de guerriers se rue
    En immense procession ;
On la voit s'agiter, serpenter jusqu'au faîte
Du massif monument, où quelque grande fête
    Appelle la dévotion.

       * ** *

[1] On surnommait ainsi Ténuchtitlan.

Dans les vastes marchés où la foule se presse,
Des milliers de marchands groupent avec adresse
    Des fruits, des légumes divers :
Ananas et mameys [1] montés en pyramides,
Zapotés noirs [2] ou blancs [3], patates, arachides,
    Tomates rouges, piments verts.

Des fillettes, bras nus, pétrissent des galettes
De maïs ; des sorciers offrent des amulettes
    Et des miroirs ronds en métal ;
Plus loin, de vieux guerriers exposent des esclaves
Qui, le carcan au col, songent muets et graves
    Aux beaux jours du pays natal.

Le Zapotèque étend ses fins tissus de soie
Brodés de fils d'argent ; le Miztèque déploie
    Ses grosses toiles de coton ;
L'Otomi célébrant sa fortune à la chasse,
Montre un cerf mort et tend au promeneur qui passe
    Des tatous percés d'un bâton.

---

[1] Fruit d'un zapotillier (Lucuma mammosa).
[2] Fruit d'un zapotillier (Diosjuros obtresifolia).
[3] Fruit d'un zapotillier (Casimiroa edulis).

Les joailliers ont placé dans de luxueux vases
Des bijoux en argent, des rubis, des topazes
      Au délicat scintillement ;
Des sculpteurs sur le sol étalent des idoles ;
Des fondeurs de métaux vendent des babioles
      D'un travail exquis et charmant.

Les carquois luxueux, les ornements en plumes,
Les parfums, les tapis et les riches costumes
      Tentent les chalands éblouis ;
Chacun crie en vantant ses produits ; dans l'espace
Les clameurs et les chants, les odeurs de la place
      Montent en vols épanouis.

Les Juges des marchés, couverts de leurs insignes
Président aux contrats ou perçoivent, très dignes,
      L'impôt au profit du trésor,
Contrôlant la valeur des diverses monnaies :
Ronds de cuivre ou d'étain poinçonnés de deux raies,
      Cacao sec et poudre d'or.

    * **

Près du temple érigeant sa pyramide fière,
Les seigneurs sont logés dans des maisons de pierre
    Tout autour du palais des rois ;
Sur les toits plats bordés de sauvages sculptures
On voit de grands jardins ; d'éclatantes peintures
    A fresque, couvrent les parois.

Non loin de leurs foyers, aux confins de la ville,
Les pêcheurs accroupis lancent dans l'eau tranquille
    Les courts filets ou les harpons [1] ;
Leurs femmes, sur leur seuil, aux pieds des dieux pénates,
Roulent des fils d'ixtlé, [2] tressent de souples nattes
    Ou cousent de rouges jupons.

S'avançant sur le lac qui de bateaux fourmille
Les Mexis maraîchers demeurant en famille
    Sur de petits îlots flottants,

---

[1] Les pêcheurs mexicains se servent très adroitement — même pour de petits poissons, — d'un roseau armé de pointes longues et formant harpon.

[2] Ixtlê — fibre de l'agavé.

Vendent aux bateliers les légumes, les plantes,
Qu'ils cultivent autour de leurs huttes tremblantes
  Sous l'effort des flots palpitants.

   * *
    *

Au front d'une hauteur, la montagne aux cigales
Chapoltepetl, étend son palais dont les salles
  Ont logé déjà plusieurs rois
Au-dessus de son parc où des cyprès énormes
Se dressent par milliers, chevelus, uniformes
  Mêlant leurs branches et leurs voix.

A l'Est, un point brillant : Tezcuco, la savante
Capitale des rois Acolhüas ; vivante
  Et gaie au bord de son lac bleu
Avec ses aqueducs, sa bibliothèque ample,
Ses places, ses jardins et son superbe temple
  « A l'Inconnu, le plus grand dieu [1]. »

---

[1] Ce temple avait été consacré par Netzahualcoyotl le roi-poète de Tescuco au dieu inconnu.

Là-bas, près d'un torrent roulant ses ondes claires,
Au cœur d'une forêt de cèdres séculaires
      Dort un palais : Tetzcutzinco.
Là, Netzahualcoyotl chanta sous les grands arbres;
Les nids et le torrent, la forêt et les marbres,
      De ses vers ont gardé l'écho.....

* * *

Ah! chère Tezcuco, Ténuchtitlan aimée,
Voici vos derniers jours; une puissante armée
      D'étrangers, cruels ignorants,
Va saper vos vieux murs, votre gloire, et, dans l'ombre,
Nous allons voir crouler vos merveilles sans nombre
      Sous le pas lourd des Conquérants !

Mexico, Novembre 1885.

MOTEUCZOMA XOCOYOTZIN

A XAVIER MARMIER

> Divers prodiges annoncèrent l'arrivée prochaine des Espagnols. En 1511 on vit dans les airs des combats d'hommes en armes.
> Acosta.
>
> Moteuczoma très effrayé par la comète consulta des astrologues; ils ne purent pas lui donner de réponse satisfaisante; il fit venir le roi de Tezcuco, qui, fort expert en l'art de prévoir l'avenir lui annonça la ruine prochaine de son empire.
> Clavigero (liv. IV.)

I

Moteuczoma, le roi neuvième du Mexique,
Est assis sur son trône et rêve; le soleil
Met de pâles rayons au fronton du portique
Du palais, en sombrant à l'horizon vermeil.

Lentement, la nuit vient obscurcissant l'espace ;
Moteuczoma se lève et contemple les cieux :
Il tressaille, la lune est livide, elle passe
En marbrant de clartés le lac silencieux.

Derrière lui, sa cour est entrée et, muette,
Regarde son Seigneur sans oser le troubler ;
Sur son sein, tristement, il a penché la tête,
Une douleur intime a paru l'accabler.

. . . .

La nuit passe ; au milieu des nuages d'opale,
L'aurore va bientôt resplendir ; anxieux,
L'Empereur et sa Cour, dans la chambre royale,
Semblent pris de terreur et contemplent les cieux.

Là-bas, à l'Orient, secouant sa crinière,
Une comète vient de surgir brusquement ;
Comme un monstre sortant de sa noire tanière
Elle bondit du fond vague du firmament.

Tout, autour d'elle, encore est demeuré ténèbres ;
Elle va, les brisant de sa fauve clarté ;

Elle monte, s'étend, emplit les cieux funèbres,
Et laisse l'horizon au loin, ensanglanté.

Sa lueur envahit lentement l'étendue ;
Soudain, elle s'arrête en son vol radieux ;
Et le roi palpitant, et sa cour éperdue,
Se prosternent alors pour invoquer les dieux.

* * *

Depuis trois nuits déjà, Moteuczoma soupire ;
Son cœur est affligé d'amers pressentiments ;
Il craint pour son pouvoir, il craint pour son empire,
Il tressaille et gémit et tremble à tous moments.

Il songe à la comète effroyable, aux présages,
A la prédiction de Netzahualpili,
Le roi de Tezcuco, le plus savant des mages,
Pour qui l'avenir noir n'a point de sombre pli.

Il a prédit qu'un jour la grande monarchie
Aztèque tomberait sous un pouvoir puissant ;
Qu'abandonné des dieux, en proie à l'anarchie,
L'empire sombrerait dans une mer de sang ;

Il a vu l'empereur Moteuczoma lui-même,
Victime du courroux d'un peuple révolté,
Et ce peuple, bientôt, dans sa lutte suprême,
Suivre son dernier chef dans la nuit emporté.

Et l'empereur a beau vouloir douter, son être
Se glace quand il veut braver cet avenir;
Les grands jours sont passés et les mauvais vont naître,
Daignez dieux mexicains, daignez intervenir!

II

En ce temps-là, vivait à Cotépec un sage [1]
De bonnes mœurs, aimé des hommes et des dieux;
Pauvre, mais cultivant son champ avec courage,
Il était fort et doux, charitable et pieux.

---

[1] Cette légende est d'origine aztèque; on peut la lire dans l'Histoire des Indes de Fray Diego Duran (chap. LXIV.) et dans les Chroniques Mexicaines de Don Hernando Alvarado Tezozomoc écrites en 1598 (chap. CIII.) On peut encore voir sur le mur extérieur de l'église de San Hipolito à Mexico, un bas-relief qui représente un aigle enlevant un Aztèque dans ses serres. Ce bas-relief fait allusion à cette légende.

Sa langue ne disait que des choses sincères :
Un jour qu'il méditait étendu sur le sol
Un grand aigle le prit dans ses puissantes serres
Et, soudain, par les cieux l'emporta dans son vol.

Il se trouve bientôt au seuil d'une caverne,
Au cœur d'une forêt ; une rouge lueur
L'éblouit tout à coup, et, tremblant, il discerne
Dans l'ombre un homme mort vêtu tel qu'un seigneur.

Et comme il regardait plein d'une terreur sainte,
Une imposante voix retentit qui clama :
« Approche de ce mort et le touche sans crainte,
Ce cadavre est celui du roi Moteuczoma ;

Son cœur est si rempli de morgue et de superbe,
Dans les sentiers du mal il s'est tant égaré,
Que les dieux ont voulu qu'il soit moins qu'un brin d'herbe
Que la brise du soir fait trembler à son gré.

Ses hauts faits de jadis ne sont plus que poussière,
Son pouvoir va passer de même que les fleurs ;
Et rien ne restera de sa grandeur première,
Et son front faiblira sous le faix des douleurs.

Hélas! sa piété n'est que faste et mensonge,
Il se croit dieu lui-même et n'adore que lui ;
Sa froide vanité comme un serpent le ronge,
Et le bien à jamais de son cœur s'est enfui.

A tes pieds, vois ce feu ; prends un tison et brûle
Le bras gauche du mort.... Pars tranquille, et, demain,
Répète à l'empereur sans peur et sans scrupule
Tout ce qu'ont vu tes yeux et ce qu'a fait ta main.

S'il doute, montre-lui sur son bras, la brûlure :
Peut-être humilié, chassant son fol orgueil,
Il verra ses méfaits, il verra sa souillure,
Et de nouveau les dieux pourront bénir son seuil. »

La voix se tut alors et la nuit fut profonde ;
L'aigle revint et l'homme ému ferma les yeux ;
Et, pareil au caillou lancé par une fronde,
Dans un subit éclair il traversa les cieux.

*
* *

Or, l'homme alla trouver l'empereur et sa bouche
Raconta sans détours l'étrange vision ;

Moteuczoma, pensif, l'écouta puis, farouche,
Il cria : « Vil sorcier, tu mens ! l'illusion

D'un rêve t'a trompé ; serf indigne, ta tête
Va payer ton mensonge. Excrément ! loup hurleur !
Courbe-toi !..... « mais voici qu'il frémit et s'arrête,
Pâle, le corps saisi d'une vive douleur.

Il relève le drap de soie et d'or qui couvre
Son bras gauche ; la cour regarde avec stupeur :
La brûlure apparaît, la peau grésille et s'ouvre
Comme un fruit mûr, et tous, soudain, tremblent de peur.

* * *

Alors, Moteuczoma fit appeler ses mages
Et leur dit le prodige. Ils prièrent d'abord,
Méditèrent longtemps ; puis, enfin, les plus sages
Parlèrent : « O grand roi ! roi juste, noble et fort,

L'homme est peu ; les puissants sont sujets aux désastres,
Mais nous ne savons rien car les cieux sont obscurs ;
Les dieux restent muets, et, nos yeux, dans les astres,
Pour ton peuple n'ont vu que des malheurs futurs. »

L'empereur écumait: « C'en est trop, qu'on saisisse
Ces voyants par les dieux frappés de cécité ;
Qu'ils changent l'avenir, ou que la mort punisse
Leur ignorance infâme et leur malignité ! »

III

Voici que lentement un vieillard dans la salle
Entre et va se placer bien en face du roi ;
C'est un guerrier mexi de taille colossale :
Il observe la cour sans trouble et sans effroi.

Il promène ses yeux des bouquets d'émeraudes
Ornant les justaucorps des seigneurs fastueux
Aux lambris étoilés de fleurs des Terres Chaudes ;
Son regard froid et clair n'est pas respectueux.
Il a levé les yeux vers la céleste voûte
Et semble examiner l'interminable azur :

« O roi Moteuczoma Xocoyotzin ! écoute,
Et pardonne à ma langue ; elle est rude et moi dur,
Dit-il; les hiboux noirs, dans les forêts profondes,
Ont hululé sept fois dans une nuit d'été ;

Et, le vent, en rasant de ses ailes les ondes
Des lacs, a soupiré sept fois : « Fatalité ! »
Les arbres ont senti se briser leurs racines ;
Les monts ont tressailli de leur base à leur front ;
Et, du sommet des pics au fond vert des ravines,
On entend des accents que le jour interrompt
Et qui vibrent disant ; pendant la nuit, sans cesse
« Les temps sont révolus, malheur ! malheur ! malheur !
Le soleil des Mexis meurt dans une ombre épaisse,
L'ombre de leurs grands jours, la nuit de leur douleur. »

Dans le ciel, on a vu d'effroyables batailles,
Des dieux armés prenaient l'un sur l'autre leur vol ;
Et le sang, à torrents, des béantes entailles,
Tombait en chaude pluie et rougissait le sol.

L'un d'eux, le front saignant, la poitrine fendue,
Regardait le combat cloué sur une croix ;
Et les autres, en vain, traversaient l'étendue
Pour aller le frapper sur son lugubre bois.

Après quatre longs jours de luttes, de colères,
Tous les dieux autrefois protecteurs des Mexis

S'en furent mutilés vers les mondes solaires,
Et tristement les cieux restèrent obscurcis....

Roi ! voilà bien longtemps que ton joug nous écrase,
Que cent villes, en vain t'ont crié : Liberté !...
Tandis qu'aux pieds des dieux dans une fausse extase
Tu priais dans ton luxe et ton iniquité,

Moi, j'ai vu tes seigneurs aller par les campagnes
Pressurant tes sujets, abusant du pouvoir ;
Les femmes, les vieillards fuyaient vers les montagnes ;
J'ai sondé tes destins et j'ai vu ton ciel noir.

L'adversité te tient sous sa force invincible,
D'étranges ennemis vont s'élancer des flots,
Bientôt nous les verrons, ô terreur indicible !
J'entends déjà des cris de guerre et des sanglots.

Tes peuples au moment de la lutte fatale
Pour secouer ton joug s'uniront contre toi ;
Et, comme des torrents, rasant ta capitale,
Ils viendront engloutir et ton trône et leur roi.

Rien ne peut empêcher les malheurs de ta vie ;
Sois grand, sois fort, sois pur et tombe radieux ;

Quand ton heure viendra, que ta cour asservie
Sache avec toi mourir pour apaiser les dieux. »

Le vieux guerrier se tait. Impassible, il regarde
Le roi chétif et sombre au milieu des seigneurs.
Moteuczoma montrant sa figure hagarde
Lève vers lui ses yeux mouillés de larges pleurs.

Il balbutie et vient au prophète en colère ;
Mais lui : « Lâche empereur, tu pleures et demain
L'aigle aztèque vaincu va tomber de son aire
Et le sceptre va choir de ta débile main.

La fortune a quitté le seuil de notre porte,
Tu pleures quand il faut s'armer, lutter, mourir !
Ah ! pleure, pleure encor ; car ta grandeur est morte
Et nul pouvoir humain ne peut te secourir. »

Et le vieillard sortit..... Le roi devint tout pâle ;
Pensif, morne, il baissa la tête lentement
Et parut écouter dans la profonde salle
De l'empire disjoint, le lourd écroulement....

Mexico, Octobre 1885.

LA CONQUÊTE

LES CONQUÉRANTS

A HENRI HENRIOT

> Il importe d'examiner si la conquête du Mexique a été conduite avec assez de respect pour les droits de l'Humanité, et, nous devons avouer, même en tenant compte de la férocité du siècle et du relâchement des principes, qu'il y a dans l'histoire de cet exploit plus d'un passage que tout Espagnol jaloux de la gloire de son pays voudrait pouvoir effacer. Les excès que ne peuvent justifier ni le cas de légitime défense, ni aucune nécessité d'aucun genre, feront toujours tache sur les annales de la Conquête.
> PRESCOTT (liv. V, chap. VIII).
> Sa tête était couverte de lauriers, à ses bottes brillaient des éperons d'or. Et, pourtant, ce n'était pas un héros ; ce n'était pas non plus un chevalier ; ce n'était qu'un capitaine de brigands qui de sa main insolente inscrivit sur le livre de l'Histoire son nom insolent : Cortèz !
> Henri HEINE (Vitzilipuztli. — Le Romancero).

I

J'aime les grands combats des jours du moyen âge,
Quand la vaillance était encore une vertu,

Quand tout bon chevalier suivi de quelque page,
Ou d'un vieil écuyer à ses armes vêtu,
S'en allait heaume au front, la croix sur la poitrine,
Lutter pour conquérir le tombeau du Sauveur
Et déployer bien haut en terre sarrasine
L'oriflamme des Francs et leur mâle ferveur......

« Messires, chevaliers, alerte! à la rescousse!
Vecy venir au loing un host de mécréants! »
Sur le sabre en croissant, le glaive en croix s'émousse,
On se prend corps à corps, on combat en géants;
On crie, on frappe, on tue, on tombe, on se redresse,
On sait périr en brave ainsi qu'on a vécu;
Et, frappé, mais de face, après mainte prouesse,
On meurt, en priant Dieu, triomphant ou vaincu.

Oui, j'aime malgré moi, ce temps aux mœurs féroces;
Je sais fermer les yeux sur ses iniquités,
Sur son intolérance et ses haines atroces
Pour en voir un instant les étranges beautés :
Les tournois merveilleux, les grands pèlerinages,
Les cours d'amour mêlant dames, rois, preux et pages
      Qu'un tenson galon réunit;

Et ces peuples entiers, en des élans mystiques,
Vieillissant à broder de dentelles gothiques
    Les cathédrales de granit.

II

J'aime encor et surtout, cette race féconde
De grands navigateurs, de marins pleins de foi,
Qui s'en allaient plus loin que les bornes du monde
Chercher un autre monde à donner à leur roi.
Aventuriers de mer, hommes simples et rudes,
Amoureux des dangers, des parcours hasardeux,
Ils allaient explorer les vagues latitudes
Et gloire souvent revenait auprès d'eux.

Salut fiers voyageurs ! l'inconnu vous fascine
Marco Polo, Colomb, que Dieu même guida,
Vespuce et toi, Cartier, dont la nef malouine
Te fit français de cœur, ô noble Canada !
Partez hommes vaillants vers des terres nouvelles,
La bravoure dans l'âme et l'espoir dans les yeux !
Galères, gros vaisseaux, légères caravelles,
Voiles au vent, cinglez, cinglez vers d'autres cieux !...

Braves gens ! ils partaient au hasard ; leur navire
Rencontrait le naufrage ou le monde rêvé ;
Un jour, ils revenaient puis, avec un sourire,
Racontaient simplement ce qu'ils avaient trouvé.
Bien des leurs étaient morts, là-bas, sous le tropique,
Ou dans les flots glacés de l'océan Arctique,
    Mais les vivants ne songeaient plus
A ces héros sans nom, à ces vaillants sans nombre,
Que la mer en fureur, sur quelque grève sombre,
    Roulait, longtemps, en ses reflux.....

III

Mais je hais à plein cœur ces massacreurs cyniques,
Ces conquérants cruels, ces bourreaux odieux,
Qui, sur vos seins meurtris, ô jeunes Amériques !
Écrasèrent vos fils qui les croyaient des dieux.
Ceux-là ne cherchaient pas au loin quelque autre monde
Quand leurs vaisseaux prenaient sur les flots, leur essor ;
Nul rêve ne dormait en leur âme inféconde,
Et ce qui les poussait, c'était la soif de l'or !

Écume, du vieux monde, aventuriers cupides,
Ils s'en allaient, pour clore un orageux passé ;
La clémence et le droit pour eux étaient mots vides ;
L'instinct du bien semblait en leur âme effacé :
Égorger des païens, ne saurait être un crime !
Cortèz comme Pizarre, abrités par la croix,
A ton voile étoilé, religion sublime !
Après plus d'un massacre ont essuyé leurs doigts.

O Cortèz ! je te hais ! je te hais ! je proteste
Quand l'histoire éblouie éludant tes forfaits,
Ose te nommer grand ; moi, je te le conteste,
Ce titre ; montre-moi tes exploits, tes hauts faits !
Écraser sous le nombre un peuple en défaillance,
Triompher par l'astuce et non par la vaillance
      Est-ce assez pour devenir grand ?
Le Cid Campéador dont tu souilles la race,
Te flaire avec dédain et ne te fait pas place,
      Te voir près de lui, le surprend.

IV

Tes hauts faits ont pâli, car leur éclat factice
Bien des fois n'était dû qu'à des récits menteurs ;

Si l'histoire aujourd'hui voulait rendre justice
Aux vaincus bafoués, à leurs fourbes vainqueurs,
Des Mexis, couronnant l'indomptable courage,
L'amour de la patrie et de la liberté,
Elle n'aurait pour toi qu'une terrible page,
Ta gloire s'éteindrait devant ta cruauté :

Tu n'as vaincu qu'un peuple effrayé, dont les armes
Trompèrent la valeur en maint et maint combat ;
Ni les vieillards tremblants, ni les femmes en larmes,
N'ont trouvé de pitié dans ton cœur de soldat.
Cholula se défend contre toi, tu la brûles ;
Moteuczoma t'accueille en ami, tu trahis
Ses bontés, et tu fais égorger sans scrupules
Tout coupable d'avoir lutté pour son pays.

Cauhtémoc qui, trois mois, résiste dans sa ville
Pied à pied, en héros, vaincu ne trouve en toi
Qu'un bourreau, moins encor ! car ta conduite vile
Te fait traître à l'honneur et parjure à ta foi[1].

---

[1] Cortez avait juré de respecter la vie de Cauhtémoc, il tint sa promesse en faisant mettre à la question le héros aztèque qu'il fit égorger trois ans après.

Brave, mais sans grandeur ; ami des stratagèmes ;
Vainqueur des Méxicains en des luttes suprêmes
    Mais grâce à leurs vassaux jaloux ;
Tu parais bien chétif lorsque l'on te compare
A bien d'autres héros ; et, ce qui t'en sépare,
    Des lions, sépare les loups !

V

O Vercingétorix ! la Gaule immortalise
Ton pur patriotisme, ô Brenn, et ton grand cœur,
Quand, pour sauver ton peuple enfermé dans Alise
Tu t'offris en victime à César, ton vainqueur.
On aime ta victoire aux champs de Gergovie,
On admire l'éclair qui t'embrase un moment,
Mais, ce qui fait se taire, autour de toi, l'envie
C'est la férocité du vainqueur inclément :

Pendant six ans, César, te traînant à sa suite,
Vers Rome, sans daigner te livrer à la mort,
Te fit payer l'honneur d'avoir su mettre en fuite
Le vainqueur des Germains sous ton puissant effort.

Quand tu mourus enfin, au sein de cette Rome,
Que l'un des tes aïeux longtemps épouvanta,
On plaignit le martyr et l'on vit grandir l'homme
En qui l'âme d'un peuple un moment palpita.

De même Cauhtémoc, trahi par la victoire
Se rendit à Cortèz ; Cortèz comme César
Fit payer au héros sa minute de gloire,
Trois ans, il le traîna prisonnier à son char...
Devant ces deux vaincus écrasés, le poète
Voit de quel vil mortier plus d'une gloire est faite,
  Et, de colère transporté,
Aux vainqueurs adulés arrachant la couronne,
Pour venger le bon droit, par sa lyre il la donne
  Aux martyrs de la liberté !.....

Paris, 1889.

LA MORT

DE MOTEUCZOMA XOCOYOTZIN

A GUILLERMO PRIETO

> L'Empire astèque ne fut pas conquis par les armes espagnoles, seules ; on doit cette conquête aux nations indigènes rivales ou ennemies de Ténuchtitlan qui s'unirent aux Espagnols. Cortèz les excita par des moyens adroits et s'en fit des amies. Sans ces innombrables alliés, qui les prenaient pour des dieux, les Castillans eussent été détruits maintes fois.
> Cortèz bien reçu par Moteuczoma, abusa de la crédulité du monarque que des présages de ruine avaient déjà effrayé ; il le fit prisonnier, sans que rien ne justifiât cette agression et l'emmena dans le palais que le roi lui-même, lui avait donné pour se loger.
> Les Mexis se révoltèrent, contre les Espagnols, Moteuczoma ayant voulu les apaiser fut blessé par eux.
> Il mourut sans vouloir renier ses dieux.
> Bernal DIAZ, CLAVIGERO, PRESCOTT, etc, etc.

Sur de légères nefs ouvrant blanches et grandes
Ainsi que des oiseaux, leurs ailes à tout vent,

Les pâles étrangers qu'annonçaient les légendes
Par le chemin des flots sont venus du levant.

On les a vus couverts de brillantes cuirasses
Sur les plages méxis débarquer un matin ;
Lutteurs que rien n'émeut, aventuriers tenaces,
Sans hésiter ils ont pris au corps le destin.

Dès l'abord, étonnant leurs premiers adversaires
Par le bruit des canons, leurs chevaux, leurs vaisseaux,
Ils se sont fait bientôt des alliés sincères
En s'offrant à venger les rancœurs des vassaux.

Les peuples asservis par les princes aztèques,
Sans cesse conspiraient contre Ténuchtitlan :
Cortèz, après avoir défait les Tlaxcaltèques,
Les décida sans peine à seconder son plan.

Croyant les hommes blancs des dieux invulnérables,
Et brûlant de venger les affronts d'autrefois,
Ils ne virent en eux que les vainqueurs probables
Des vainqueurs abhorrés dont ils portaient les lois.

Devant les Castillans, tombent tous les obstacles ;
Le roi Moteuczoma se met à leur merci ;
Voit en eux les vrais dieux promis par les oracles
Et leur livre aussitôt la puissance méxi.

Cortèz, alors, agit et par force et par ruse ;
A peine à Mexico, procédant sans délais,
Il se moque du roi confiant qu'il abuse
Et qu'il fait prisonnier en son propre palais.....

Mais les Méxis honteux de la faiblesse vile
De leur roi, contre lui, viennent de s'insurger ;
Une sourde rumeur s'élève de la ville ;
Ténuchtitlan s'apprête à chasser l'étranger.

Les prêtres proscrivant le souverain qui n'ose
Combattre, ont pris un chef pour défendre leurs droits ;
Aux glaives castillans le macahuitl s'oppose,
Mexitli va lutter enfin contre la croix !.....

*

D'innombrables guerriers cernent la citadelle
Où Don Hernan Cortèz a logé ses soldats ;

Le roi, par les créneaux, parle au peuple rebelle,
Mais, l'un de ses seigneurs l'apostrophe d'en bas :

« Tais-toi, vil empereur qui prends une quenouille
Pour sceptre ; es-tu donc las d'être homme et d'être roi ?
Ténuchtitlan renie un chef qui s'agenouille
Devant ses ennemis et supporte leur loi.....

« Viens lutter avec nous si tu n'es pas infâme ;
Méxitli veut le sang des hommes pâles, viens !
Ou bien, si le courage est tari dans ton âme,
Meurs chez nos ennemis qui ne sont plus les tiens. »

Et, comme l'empereur ne trouvait que des larmes
Pour répondre aux clameurs de son peuple irrité,
Ses guerriers, contre lui, dirigèrent leurs armes
En maudissant son règne et sa postérité.....

Atteint mortellement, l'empereur se renverse
En poussant un grand cri dans les bras d'un soldat
Espagnol ; et son peuple affolé se disperse
En déplorant l'horreur de son propre attentat.

* *

Moteuczoma se meurt .... à côté de sa couche,
Un prêtre castillan lui montre un crucifix ;
« Roi ! voici le vrai Dieu, le Seigneur, par ma bouche
Il t'offre son royaume et tu seras son fils
Si tu veux recevoir l'eau sainte du baptême ;
Abjure tes erreurs ! »..... Le roi ferme les yeux ;
« Je ne renierai pas à mon heure suprême,
Dit-il, en soupirant, la foi de mes aïeux ;
N'est-ce donc pas assez d'avoir trahi ma race,
D'avoir livré ma ville et perdu ma fierté ?.....
Je ne crains pas la mort et la veux voir en face,
Étranger, laisse-moi mourir en liberté ! ».....

* * *

Le roi reste immobile ainsi qu'une statue ;
Sa déchéance, ô dieux ! est complète aujourd'hui ;
Sa blessure n'est rien, mais la honte le tue
D'avoir vu ses sujets révoltés contre lui.

Par instants, il entend au loin, le cri de guerre
Des Méxis et son cœur se brise en comprenant

Combien juste voyaient les mages qui naguère
Lui prédisaient les maux qu'il souffre maintenant.

Hélas! pourquoi faut-il qu'il tremble et qu'il expire,
Ainsi, loin de son peuple, et blessé par ses mains!
Les pâles étrangers vont briser son empire,
Les grands jours des aïeux seront sans lendemains......

Ces hommes qu'il croyait des dieux, sont pleins de crainte
En écoutant les cris des Méxis en fureur;
Leur amitié n'était qu'une grossière feinte,
Leur audace naissait de l'excès de la peur!

Il voit bien, mais trop tard, qu'il eût fallu défendre
Ses peuples et mourir en combattant pour eux;
Pourtant, si Mexitli daignait, enfin, l'entendre
Il prendrait en pitié les Méxis valeureux!

Qu'a-t-il donc fait aux dieux pour qu'ainsi leur colère
Le frappe sans répit? Son faste, son orgueil,
Ont-ils pu mériter la destinée amère
Qui remplit son déclin de terreur et de deuil?

Eh bien! il s'offre ô dieux! pour expier ses fautes;
Qu'on le jette à jamais dans les mondes obscurs!
Mais, que Ténuchtitlan, du moins, chasse les hôtes
Que son trop faible maître attira dans ses murs.

Et le roi, déplorant son orgueil, sa luxure,
Sa faiblesse et sa peur, se lève endolori,
Arrache l'appareil qui couvre sa blessure,
La rouvre et meurt debout, les yeux clairs, sans un cri...

O fils d'Axayacatl! la mort hospitalière
Te tend son sein tranquille et te verse l'oubli;
Les dieux marquent au ciel ta minute dernière,
Dors, pauvre roi déchu..... ton sort est accompli!

Paris, 1889.

CUITLAHUAC

10ᵐᵉ ROI DE TÉNUCHTITLAN

A CAMILLE DOUCET.

> Cuitlahuac ne régna que quatre mois, mais son règne fut glorieux, car il fut témoin de la première défaite des Espagnols et de leur expulsion de Mexico (1520).
> PRESCOTT (liv. IV, chap. VII).
> Les alliés indigènes de Cortèz détruisirent Ténuchtitlan, ils ne se doutaient guère que sous les décombres de la capitale aztèque, ils enterraient leur liberté, leur passé, leur autonomie, leurs traditions.
> OROZCO Y BERRA (Vol. IV, liv. III, chap. VII).

Minuit.... Ténuchtitlan dort dans l'ombre ; le bruit
Des flots du lac s'entend très doux ; aux cieux funèbres
Pas une étoile d'or paisiblement ne luit.

Sur le Téocalli, dans les denses ténèbres,
Des mages effrayants veillent silencieux
Cherchant à déchiffrer les célestes algèbres.

Ils sondent d'un regard ardent les vastes cieux,
Mais leur esprit troublé reste sans rien comprendre
Et l'épouvantement tord leurs cœurs anxieux.

Dans les airs, quatre fois, ils ont soufflé la cendre
Des cœurs humains brûlés aux pieds de Méxitli ;
Mais nul regard divin sur eux ne veut descendre.

Pourtant, le sacrifice atroce est accompli ;
Le sang par longs torrents a coulé sur les dalles
Qui conduisent au front du haut Téocalli.

Au-dessus des autels, pierres pyramidales,
Reste muet aussi Tlaloc le dieu des eaux,
En dépit du copal brûlant sous ses sandales.

Parfois, le vent s'élève et, dans les grands roseaux,
Chante un hymne berceur plein de mélancolie
Qui réveille en leurs trous les nocturnes oiseaux.

Or, voici, qu'un pas bref sur la dalle polie
Résonne et chaque prêtre écoute un bruit léger
Que l'écho des hauts murs longuement multiplie.

De l'escalier, bientôt, surgit un étranger ;
Vingt poings armés soudain se lèvent sur sa tête,
Mais il parle et sa voix conjure le danger :

— « Le roi Cuitlahuactzin ! [1] » — Chacun, tremblant, s'arrête
Et s'incline ; mais lui, va vers l'autel des dieux
Et franchit brusquement le seuil de leur retraite.

Il regarde sans peur les deux maîtres des cieux
Dont les prêtres toujours encensent les images,
Mêlant au sang humain des baumes précieux.

Derrière leur seigneur, le grand-prêtre et les mages
Contemplent Méxitli dont le front menaçant
Sous l'encens en vapeur se voile de nuages.

« Dieu de la guerre, hélas ! es-tu donc impuissant ?
Les pâles étrangers assaillent ton empire,
Dit le roi Cuitlahuac, le péril est pressant ;

---

[1] La désinence tzin ajoutée au nom des seigneurs était une formule de politesse, on peut donc dire Cuitlahuac et Cauhtemoc ou Cuitlahuactzin ou Cauhtemoctzin indifféremment.

Parle ! agis ! il est temps ; contre nous, tout conspire :
Les vassaux d'autrefois deviennent ennemis ;
Parle ! il faut que ta voix m'encourage et m'inspire.

A de sombres destins seront-nous donc soumis ?
Vas-tu laisser périr les derniers de ta race ?
Vais-je perdre le sol que ton bras m'a commis ?

Ah ! prends-moi si tu veux, à tes pieds que j'embrasse ;
Prends mon sang, prends mes jours, je te les offre ici
Mais pour Ténuchtitlan je te demande grâce !

Que t'avons-nous donc fait pour nous laisser ainsi
En butte aux étrangers qui veulent ta ruine ?
Devrons-nous quelque jour nous livrer à merci ?

Pourtant nous adorons ta puissance divine,
Le sang ne manque pas un jour sur ton autel
Où brûle sans répit l'odorante résine !....

Parle, ô dieu ! sans tarder, réponds à mon appel ;
L'heure est sombre ; dis-moi si je vaincrai !... Sans crainte
J'attends à tes genoux ton arrêt solennel. »...

Les prêtres sont sortis l'âme d'angoisse étreinte,
Laissant le roi, pensif, aux pieds de Méxitli ;
Son intrépidité sur sa face est empreinte ;

Il est seul à présent dans le Téocalli.

* * *

Sous son front déprimé cerclé de bandelettes,
Les yeux de Méxitli scintillent dans leurs trous,
Pavoisant de reflets ses colliers d'amulettes.

Dans la nuit, on entend hululer les hiboux.
Le dieu reste muet sur son socle de pierre,
Et Cuitlahuac, rêveur, attend à ses genoux :

Daignera-t-il enfin écouter sa prière
Ce dieu, fort autrefois, si débile à présent,
Qui laisse son pouvoir crouler dans la poussière ?

Il est temps qu'il se lève et que son bras pesant
Écrase d'un seul coup l'étranger sacrilège,
Car l'empire méxi paraît agonisant.

Ténuchtitlan est prise en un ténébreux piège ;
Ses vassaux des grands jours conjurés à l'envi
Désirent sa ruine et leur masse l'assiège.

Cortèz leur a parlé ; joyeux ils l'ont suivi,
Pour conquérir leur part de la ville-maîtresse ;
Contre elle ils vont montrer leur courage asservi.

Imbéciles ! aucun, sous l'adroite caresse
De l'Espagnol, ne voit le calcul de la peur ;
C'est contre la patrie entière que, traîtresse,

Leur valeur va lutter ! Cortèz sera vainqueur ;
Mais, bientôt, à leur tour, ils courberont la tête
Et maudiront la haine aveugle de leur cœur.

Ils vont précipiter México de son faîte,
Ils chantent son trépas, mais leur vieille fierté
Tremble avec ses palais, fléchit par sa défaite,

Et dans ses murs détruits sombre leur liberté !

* * *

Le dieu reste muet..... mais voici que l'espace
S'emplit d'un tournoiement confus, plein de rumeurs :
Dans le vide, une foule innombrable s'entasse ;

On entend des soupirs, des sanglots, des clameurs,
Des chocs de boucliers ;..... seul, sur la plateforme
Du temple, Cuitlahuac sonde les profondeurs :

Il voit venir vers lui, comme une vague énorme,
Tout un peuple de rois, de guerriers, de vieillards
Dont la masse à grand bruit oscille et se reforme.

Une blanche clarté frappe ses yeux hagards :
Loin, bien loin, tout là-bas, il voit naître sa race
D'un noyau d'émigrants sur des îles épars.

D'un vague continent ils viennent, mais leur trace
Disparaît sous les eaux qui montent dans la nuit ;
Leurs villes, leurs tombeaux, tout, dans la mer s'efface.

Ils descendent du Nord, ils vont par main circuit
Vers le Sud, au hasard, en leur grande ignorance
Du besoin qui les pousse et du but qu'il poursuit.

Pleins de valeur sauvage et de persévérance
Ils vont, tels que les flots profonds des océans,
Étalant leur ampleur et leur indifférence.

Ils hésitent un jour..... près des ravins béants
Qui brisent des grands monts la noire carapace,
Leurs yeux troublés ont vu se dresser les géants :

C'est l'écrasement fou... sombre heurt !... leur audace
S'étonne... ils vont pourtant conquérir les chemins
Qu'on leur barre ; ici-bas, va périr une race,

Ou les géants massifs, ou les faibles humains.....
Les géants sont vaincus !...... l'homme les extermine,
Mais, que d'hommes, hélas ! ont péri sous leurs mains !

Les survivants comptés, la horde s'achemine
De nouveau vers le Sud, jusqu'au jour où son bloc
Se désagrège, et, dans les temps, se dissémine.....

Voici les émigrants méxis cherchant le roc
Prédit, où descendra l'aigle aux puissantes serres
Sur un nopal rugueux. Sous plus d'un rude choc

Ils semblent écrasés par des tribus contraires.
On peut les décimer; mais on n'arrête pas
Leur marche, ils vont toujours : les fleuves et les terres

Et les monts, vainement, s'opposent à leurs pas.
Ils errent jusqu'à l'heure où la verte vallée
D'Anahuac les retient après bien des combats.

Voilà les premiers rois !..... tous, la face voilée
Par leurs longs cheveux noirs pleurent, et, derrière eux
Sanglotent les Méxis dans la nuit étoilée.

Mais, déchirant d'un trait l'horizon ténébreux
On voit surgir les dieux que forma la semence
Des soleils ; les voici dans leur ensemble affreux...

La foule a salué d'une clameur immense
Leur arrivée et l'air s'emplit de joyeux cris ;
Les générations paraissent en démence.

Aux pieds des Immortels, des palais aux lambris
De marbre, des monceaux d'or, des temples superbes
S'élèvent ; et l'on voit jaillir des flancs meurtris

Des victimes, le sang en écarlates gerbes.
Les hommes par moissons tombent aux pieds des dieux
Comme sous le soleil fanent les hautes herbes

Eux, regardent hautains, et hument, radieux
L'hommage délicat d'odorantes résines
Dont la fumée en flots subtils tournoie aux cieux.

L'âcre senteur du sang dilate leurs narines
Et leur bouche savoure avec plaisir les cœurs
Des vaincus dont le prêtre entr'ouvre les poitrines....

De vingt peuples divers les Méxis sont vainqueurs ;
Les dieux luttent pour eux ; mais, au ciel, une aurore
Étrange, brusquement luit dans les profondeurs :

Comme une vaste fleur, on voit germer, éclore,
Une vive clarté d'où sort un dieu nouveau,
Un dieu tout flamboyant que Cuitlahuac ignore :

Son visage est très pâle, ineffablement beau ;
D'un de ses flancs troué le sang largement coule,
Ses pieds ont renversé la porte d'un tombeau.

Et tout-à-coup, les dieux méxis, en sombre foule,
Dardent sur le dieu pâle un vol de javelots;
Celui-ci, va vers eux, et, sous son pas, s'écroule

Chaque temple à son tour, ainsi qu'on voit les flots
L'un sur l'autre crouler, quand un roc les arrête.
L'espace s'est empli d'horripilants sanglots.

Cuitlahuac, le cœur plein d'une terreur secrète,
Regarde malgré lui : Pressés en tourbillons
Vaincus, vainqueurs, dieux, rois, pris dans une tempête

S'écrasent en hurlant. Seul, couvert de rayons,
Le dieu nouveau, jetant des traits de feu dans l'ombre
Dirige dans la nuit de puissants bataillons,

Des bataillons de blancs, impassibles, sans nombre,
Tout cuirassés de fer et suivant une croix.
Sous leurs coups furieux l'empire aztèque sombre,

Tout est noir à présent, tout est mort, dieux et rois !...

*
* *
*

Cuitlahuac.

Lentement, s'éteignaient appels et cris funèbres ;
Les cheveux hérissés, les bras levés aux cieux,
Dans le froid et l'horreur des profondes ténèbres,

Cuitlahuac à grands cris, clama vers les aïeux :
« O Pères, est-il vrai que notre heure soit proche,
Et devrons-nous, hélas! voir succomber nos dieux ?

Debout sur le dernier quartier de cette roche
Qui soutient leur grand temple et qui doit s'effondrer,
Ah! puissé-je finir sans crainte et sans reproche !

D'autres pourront prier et gémir et pleurer !
Je ne veux que mourir en un jour de victoire ;
O dieux! être vainqueur des blancs !... puis expirer !...

Pères, je n'ai plus qu'un lambeau, de territoire
Nul ami ne peut plus nous offrir de secours;
Dites-moi, valeureux héros de notre histoire,

Ce qu'il faut que je fasse et quel est mon recours ! »
Alors, il entendit des voix déjà lointaines
Qui, dans l'ombre, criaient : « Lutte, combats toujours !

Donne pour nous, pour toi, tout le sang de tes veines ;
Meurs en brave et bénis les dieux si par ta mort
Vivent un jour de plus les aigles méxicaines ! »

. . . .
. . . .

Cuitlahuac en son cœur, par un suprême effort,
A refoulé ses pleurs derniers ; l'heure fatale
Le trouvera tout prêt à supporter le sort.....

A l'Orient, le jour paraît. La capitale
S'éveille et sans songer à son prochain trépas,
Elle offre à Méxitli l'oraison matinale.

Et le roi regardait ce dieu qui, n'osait pas
Combattre pour ses fils, quand l'idole, en silence ;
Remua ses genoux de pierre, fit trois pas,

Et, dans les mains du roi, vint déposer sa lance.....

Londres, 1888.

A L'ARBRE DE LA NUIT TRISTE

A ROBERT LAMY

> Dans la nuit du 30 juin au 1er juillet 1520, les Espagnols après la mort de Moteuczoma Xocoyotzin, essayèrent de quitter Ténuchtitlan.
> Les Aztèques les poursuivirent et en tuèrent un grand nombre. A Popotla, les soldats espagnols se rallièrent ; Cortèz, debout sous un arbre, près d'un vieux téocalli, vit défiler devant lui les débris sanglants de son armée et il pleura.
> Cet arbre existe encore ; les Mexicains et les Espagnols lui ont donné le nom de « l'Arbre de la Nuit Triste ».
> (Chroniques).

Cuitlahuac triomphait! Nuit sublime, nuit triste,
Les soldats espagnols reculaient tout meurtris ;
Par les chemins sanglants, par les ponts en débris,
    Des tas de morts marquaient leur piste.....

Les cadavres comblaient par places les canaux
Qui fermaient à Cortèz le chemin de la fuite,
Et les guerriers méxis lancés à sa poursuite
      Le harcelaient dans leurs bateaux.

La retraite forcée était déjà déroute,
Et Cortèz prévoyait un sombre écrasement,
Quand, après les marais rouges de sang fumant,
      L'avant-garde vit une route.

On put se rallier enfin vers Popotla ;
Le chef, debout auprès d'un arbre solitaire,
Vit ses soldats vaincus se coucher sur la terre
      Et le désespoir l'accabla.....

Il pleura..... l'orgueil seul faisait couler ses larmes,
Sous le faix du destin il se sentait faiblir ;
Il crut que son étoile au ciel allait pâlir
      Et douta du sort de ses armes.....

         * *
        *

Quand près de toi Cortèz pleurait, courbant le front,
Que n'es-tu donc tombé cèdre à la cime antique,

Pour écraser sous toi le fléau du Méxique,
>   Du sol natal vengeant l'affront !

Ah ! les dieux auraient dû permettre que la foudre
Qui, depuis, t'a rendu stérile et calciné
Frappât alors ton tronc de mousse couronné
>   Et réduisit ton hôte en poudre !

Sa mort eût évité de verser bien du sang
Sur la terre où tes pieds puisent ta vieille sève,
Et l'Espagnol cupide eût vu son plus beau rêve
>   S'effacer presque en commençant.

Un vainqueur moins cruel que l'Espagne inféconde
Luttant dans un seul but : Civilisation,
Aurait fait une grande et forte nation
>   De ton pays où dort un monde !

Popoila, 1886.

LA BATAILLE D'OTUMBA

(7 Juillet 1520)

A SULLY-PRUDHOMME

> Le 7 juillet 1520, les Espagnols rencontrèrent l'armée innombrable des Aztèques dans la plaine d'Otompan (Otumba) et la bataille s'engagea de suite. Les Espagnols et les Tlaxcalans, leurs alliés, allaient être écrasés sous le nombre, quand Cortèz aperçut le général aztèque, lui courut sus et le tua.
> Leur chef étant mort, les Aztèques se débandèrent.
> (Chroniques).

Ils se sont rencontrés ; la vallée en est pleine,
Aztèques, Espagnols, Cortèz et Cihacac [1]
A l'Ouest, on peut voir le reflet bleu d'un lac,
Au Sud, à l'Est, au Nord des monts bornent la plaine.

[1] Le général aztèque.

Le soleil brille: on voit les casques espagnols
Resplendir au-dessus de l'éclair des cuirasses
Et, dans les cieux profonds, tendant leurs becs voraces,
De hideux vautours noirs tournent en larges vols.

Les Aztèques couverts de justaucorps de plumes,
De tuniques d'ixtlé[1], de pourpoints de coton,
Se rangent cent par cent et chaque peloton
Se forme en étalant ses bizarres costumes.

En tête, les archers à côté des frondeurs
Précèdent les guerriers du Tigre et ceux de l'Aigle
Qui couvrent de leurs corps suivant leur noble règle
La litière du chef.

                Au loin, les profondeurs
Des monts semblent vomir des guerriers dont les files
Marchent vers le milieu du val. Les alliés
De Cortèz ont compté les Méxis par milliers
Et de froides sueurs mouillent leurs fronts serviles.

[1] Fil extrait des feuilles de l'agavé.

Sous le soleil ardent et sous les vastes cieux,
Règne quelques instants un effrayant silence,
Puis, soudain, tout frémit ; une clameur immense
Déchire les échos du vallon spacieux.

Tels des flots écumeux assaillant un rivage,
Les Aztèques s'en vont droit au camp espagnol ;
Sous leurs trépignements on sent trembler le sol ;
L'air, au loin, retentit de leur appel sauvage.

Saint Jacque est d'un côté ; de l'autre, Méxitli ;
Lances et macahuitls[1], boucliers et cuirasses
Se choquent ; les chevaux se cabrent dans les masses,
Aux trompettes répond le dur téponaztli[2].

Cailloux et javelots et dards d'obsidienne
Sifflent dans l'étendue et voilent les clartés
Du soleil ; les Méxis viennent de tous côtés,
Sans souci de la mort, les yeux flambants de haine.

Espagne et Tlaxcala concentrent leurs efforts :
Tlaxcala ! Tlaxcala ! Saint Jacque, à la rescousse !

[1] Épée en bois garnie de fragments d'obsidienne.
[2] Tambour de guerre.

Un rang va reculer, le rang suivant le pousse
Et les morts, par monceaux, s'entassent sur les morts.

En vain les Espagnols, à larges coups d'épée,
Fauchent les rangs pressés des Méxis en fureur ;
De nouveaux combattants surgissent; de sueur,
Et de sang, autour d'eux, la terre est détrempée.

Ah! les jours sont venus des revers castillans:
La Nuit triste!..... Otumba!.... Don Hernan voit son astre
Pâlir et, présageant un immense désastre,
Il rassemble d'un cri ses chefs les plus vaillants.

Il faut sans plus tarder songer à la retraite ;
Mais, comment? et par où? Les rangs des Tlaxcalans
Débordés, vers les monts reculent à pas lents ;
Cortèz sent dans son cœur une terreur secrète.....

Une minute encore et tout sera perdu ;
Mais Saint Jacque apparaît alors dans la bataille ;
Chacun le voit frapper et d'estoc et de taille,
Et la stupeur retient le combat suspendu [1].

[1] Cette intervention du belliqueux apôtre saint Jacques est racontée avec force détails par Bernal Diaz, Camargo et d'autres historiens.

Les soldats espagnols, pleins d'un nouveau courage,
Pour prier un moment sont tombés à genoux.....
Puis criant: «En avant! le Saint lutte pour nous»,
Ils prennent l'offensive et rentrent dans l'orage.

Les flèches fendent l'air, le fer fouille les flancs ;
Le sang comme un ruisseau coule dans la vallée ;
Dans le noir tournoiement de l'ardente mêlée,
Les glaives au soleil jettent des éclairs blancs.

Or, derrière le Saint, Hernan Cortèz s'élance :
Il vient d'apercevoir au loin le général
Aztèque et, renversant ses gens sous son cheval
Au cœur de Cihacac il enfonce sa lance.....

Un cri de désespoir part du rang des Méxis :
Le chef est mort!..... l'armée entière se débande
Et, par les monts hautains, et par la vaste lande
On voit fuir les guerriers d'épouvante transis.

Plus qu'à demi vaincu, Cortèz triomphe encore !
Ton peuple est condamné Méxitli! Méxitli!
Ton règne va finir, ta puissance a faibli ;
De tes derniers rayons la croix du Christ se dore!.....

* * *

Déjà, lentement, tombe du ciel noir
Comme un voile obscur, la robe du soir;
Là-bas, le soleil meurt sur la colline ;
Sur le champ témoin de si grands efforts,
La nuit qui descend regarde les morts
  Et vers eux s'incline.

Comme en un tombeau, tordus, enlacés,
Dorment pour toujours les bruns trépassés,
Qui luttaient pour toi, liberté marâtre !
Sur eux vont pousser les gazons épais,
Plus tard troublera leur profonde paix
  La chanson d'un pâtre.

Voici que des bois sortent des chacals
Qui viennent furtifs, parmi les nopals,
Flairer les vaincus dormant sur la terre ;
Ils n'osent troubler ce sommeil sanglant ;
La lune au milieu d'un espace blanc,
  Vogue solitaire.

Parfois des blessés, sinistres débris,
Se dressent fièvreux et leurs faibles cris
Appellent en vain leurs compagnons d'armes ;
Leurs frères sont loin, les monts sont déserts ;
Dans l'obscurité, leurs yeux grands ouverts
    S'emplissent de larmes.

La mort tarde bien pour ces malheureux ;
Les astres émus épandent sur eux
Le scintillement de leur clarté pâle ;
La brise en pleurant frôle les rameaux
Et dans l'ombre on voit de noirs animaux
    Que fait fuir un râle.

A l'aube, demain, aigles et vautours
Viendront au banquet; pendant de longs jours,
Sur ces corps meurtris ils battront des ailes ;
Les mères en deuil pleurent leurs enfants
Et les Espagnols cherchent, triomphants,
    Des luttes nouvelles.....

O nuit ! que de morts ! Que de morts, ô dieux !
Pleurez, astres purs, dans l'écrin des cieux !

Vallée, ouvre-leur ta terre attendrie ;
Couronnez leurs fronts, éternels lauriers,
Dormez, fiers vaincus, ô pauvres guerriers
    Morts pour la patrie !......

*
* *

Voici que l'on entend par les monts et les bois
Des appels éplorés partis des pyramides
De Téotihuacan [1], où dorment les vieux rois,
Depuis les temps perdus, dans leurs niches humides.

Bientôt, de Cholula [2], de Tula [3], dans la nuit,
On répond ; l'air est plein d'un frémissement sombre,
Dans l'espace on perçoit un indicible bruit
Comme si des milliers de voix pleuraient dans l'ombre.

Tous les hôtes poudreux des antiques tombeaux :
Ulmèques, Xicalans, Zapotèques, Toltèques,
Viennent par les chemins, effrayants, en lambeaux,
Se ranger à l'entour des cadavres aztèques.

---

[1] Ces pyramides existent encore.
[2] L'une des villes saintes.
[3] L'ancienne capitale des Toltèques.

Mornes, le cœur en deuil, ils viennent là songer
A ces pauvres vaincus, derniers fils de leur race ;
Las ! leur sol va tomber aux mains de l'étranger ;
De leurs longs cheveux noirs, ils se voilent la face...

Ils sondent l'avenir en son immensité,
Et voyant leurs grands jours s'en aller en décombres,
Ils pleurent dans leur âpre et triste majesté,
Et les hiboux sur eux tendant leurs ailes sombres.

Otumba, Juin 1886.

MORT DE CUITLAHUAC

A EUGÈNE SCHNETZ

> Cuitlahuac mourut de la petite vérole (maladie introduite dans le Nouveau-Monde par les Espagnols) au moment où ses plans allaient amener peut-être la ruine des Castillans.
> OROZCO Y BERRA (Vol. IV. liv. II. Chap. XII).

Les dieux sont impuissants à défendre l'Empire,
Il a perdu vassaux, alliés et sujets ;
Il est debout encor, mais l'empereur expire
Sans avoir accompli ses glorieux projets.

Il voulait, remplaçant Moteuczoma le lâche,
Chasser les Espagnols, délivrer son pays,
Mais, à peine en est-il au début de sa tâche
Que son cœur et son bras par le sort sont trahis :

Mort de Cuitlahuac.

La Nuit Triste n'a pas anéanti l'armée
Castillane; Otompan a vu fuir les Méxis;
Dans un cercle de mort sa ville est enfermée
Par les rangs espagnols des Tlaxcalans grossis.

Abattu par un mal étrange qui le mine
Il pèse ses destins, grelottant et fièvreux;
Il voit que son royaume à la nuit s'achemine
Ses ennemis sont trop, il ne peut rien contre eux.

Vainement, les Méxis pleins d'un mâle courage,
Dans les prochains combats tomberont par milliers,
Que peut leur armement, que peut leur froide rage
Contre Cortèz avec trois cent mille alliés?.....

Si l'on ne peut plus vaincre, on peut mourir encore!
Le Méxi mourra libre ainsi qu'il a vécu;
Combattant pour sa ville et les dieux qu'il adore,
Ayant au poing le glaive et tendant son écu.

Mais lui, le roi, doit donc être seul inutile!
Va-t-il mourir sans gloire, en son lit, loin des blancs?
O douleur! on se bat et lui reste immobile
Retenu par le mal qui lui ronge les flancs.

Mort de Cuitlahuac.

Et Cuitlahuac cloué sur son lit de souffrance,
Sent des larmes couler brûlantes de ses yeux;
Stoïque, il les refoule et dans l'ultime transe
Il meurt en implorant pour son peuple, les dieux.

Puebla, 1887.

LA CHANSON DE CAUHTÉMOC
11ᵐᵉ ROI DE TÉNUCHTITLAN

A JUSTO SIERRA

> II. Tecpatl (1520) Cauhtémoc est nommé successeur de Cuitlahuac.
> (Chroniques.)

J'apparais dans un temps de guerres,
Dans des jours de deuil et d'effroi ;
Humble fils de glorieux pères,
En butte aux divines colères,
Je suis un vaincu plus qu'un roi.

O dieux! que nous sert le courage!
Vous protégez nos ennemis ;
En vain, nous luttons pleins de rage,
Dans notre ciel gronde l'orage,
La nuit approche et je frémis.....

Je frémis pour ma vieille race,
Pour mon peuple déshérité,
L'adverse destin me terrasse,
Mais je sais quel devoir me trace
Ton saint amour, ô liberté !

Pour mon front, bien lourde est la tâche,
Pourtant, je la supporterai ;
Nul ne pourra dire: « Il fut lâche! »
Je veux espérer sans relâche,
Sans relâche je lutterai !

Je m'offre, ô dieux! comme victime
Pour apaiser votre courroux;
Mon sacrifice est légitime,
Acceptez mon offrande ultime,
Et que mon peuple soit absous.

Ténuchtitlan, cette heure est sombre ;
Notre avenir est douloureux;
Nos ennemis ayant le nombre,
Il se peut que le bon droit sombre,
Mais, tu t'écrouleras sur eux :

Après les suprêmes batailles,
Quand nos flancs n'auront plus de cris,
Soulève, d'un bond, tes murailles,
Enterre-nous dans tes entrailles,
Écrase-les sous tes débris !

Après notre défaite altière,
O ville-reine d'autrefois,
Dans ton lac, tombe tout entière,
Et, garde comme un cimetière
Ton peuple, tes dieux et tes rois !

Mexico, Décembre 1886.

LA VISION DE CORTEZ

A CHARLES COURVOISIER

> Loin de moi la pensée de vouloir justifier les actes de cruauté commis par les conquérants du Mexique. Que le sang qu'ils ont inutilement versé reste sur leurs têtes. PRESCOTT (liv. II, Chap. VI).
> Les scènes de carnage de Chololan ne se peuvent décrire en aucune langue. Le meurtre de Moteuczoma et de Jicotencatl sont des taches éternelles sur la mémoire de Cortèz.
> LAS CASAS (Destruccion de las Yndias).
> Jicotencatl, jeune général tlaxcaltèque comprenant que Cortèz voulait la ruine des races indigènes exhortait ses compatriotes à le laisser écraser par les Mexis. Cortèz le fit égorger par surprise.
> (Chroniques).

Jicotencatl est mort et Tlaxcala l'oublie ;
Tlaxcala suit Cortèz en son ténébreux plan ;
La lâche République aux Espagnols s'allie,
Pour écraser enfin ton front, Ténuchtitlan !

Tezcucains et Chalcains, Otomis, Chinantèques,
Tous, se sont contre toi ligués et ton jour vient.
Pour te défendre encor les derniers des Aztèques
Vont mourir; le destin sous sa dextre te tient.

Les Castillans joyeux escomptent ta défaite,
Ils savent que demain, demain, tu tomberas;
Et ta chute, pour eux, c'est la gloire, la fête,
Et le repos conquis par leur sang et leurs bras.

Or, pendant que la ville enfermée agonise
Le très brave Hidalgo, Don Hernan Cortèz, seul
Dans sa tente, songeant à sa vaste entreprise
Déroule son passé comme un sombre linceul.

Il se voit lui, petit, attaquant un empire
Et le courbant bientôt sous ses puissantes lois;
Aujourd'hui, tout, enfin, à sa gloire conspire,
Il triomphe, il peut voir à ses pieds plusieurs rois.

Après avoir offert à la Castille un monde,
Auprès de ses héros il pourra prendre rang;
Son orgueil sur des faits admirables se fonde
Et l'histoire dira: Fernand Cortèz, le Grand!.....

La Vision de Cortèz.

Brusquement, l'un des coins de sa tente se lève
Et l'horizon profond s'entr'ouvre devant lui.
Sinistre vision! quel est cet affreux rêve?
Quelle est cette clarté qui dans cette ombre a lui?

Quels sont ces tas de morts épandant leurs entrailles?
Quels sont ces monuments abattus sans raison?
Ah! pourquoi tout ce sang! ces lâches représailles,
Ces hurlements d'horreur, ces cris de trahison!

Que veulent ces guerriers écrasés sans bataille,[1]
Ces ancêtres traînés par leurs longs cheveux blancs,
Ces femmes dont le sein porte une large entaille,
Ces enfants dont le fer a déchiré les flancs!.....

Le roi Moteuczoma de l'Espagnol s'approche.
— Arrière mécréant! va-t-en fantôme noir!.....
— Salut au fier vainqueur dont le cœur est de roche
Et qui vint en ami dans mon palais s'asseoir!

---

[1] Cortèz, dans ses lettres à Charles-Quint, se vante de ce qu'à Chololan, pendant les deux premières heures du massacre, ses soldats tuèrent plus de « trois mille guerriers ». Il est vrai que ceux-ci étaient venus sans armes, ne se doutant pas de la perfidie de Cortèz.

La Vision de Cortèz.

Je te tendais les mains, tu les couvris de chaînes,
J'ai payé de mon sang ma faiblesse envers toi;
Que voulais-tu? de l'or, des joyaux, des domaines...
Je t'allais tout donner, je t'allais faire roi;
Non! tu voulais ma mort, je mourus et ma race
Aussi va succomber..... sois maudit, soit maudit!

Après Moteuczoma, Jicotencatl se place
En face de Cortèz — Tu me craignais, bandit,
Tu me fis égorger!.....

                Une foule innombrable
De spectres éplorés les escorte à pas lents;
Chacun devant Cortèz s'arrête inexorable
Et sur le front du chef empreint ses doigts sanglants,

Et Cortèz haletant, livide, se rappelle
Le massacre commis à Chololan; il voit
Ses meurtres; il entend parfois sa voix cruelle
Défendant tout pardon et proscrivant le droit.

Mais, il va triompher! il excite la rage
De ses soldats-bourreaux; il est grand, fort, puissant.....

Horreur! la main de Dieu lui fouette le visage
Et sa gloire s'éteint dans un fleuve de sang!

. . . .

. . . .

Cortèz se détourna..... l'âme soudain calmée
Sur son front nuageux il promena sa main;
Il sortit de sa tente, inspecta son armée
Et, tranquille, ordonna l'assaut du lendemain.....

New-York. — Août, 1888.

CAUHTÉMOC

A IGNACIO ALTAMIRANO

> Guatemotzin était jeune et son rôle politique fut court mais glorieux. Personne ne peut refuser son admiration au courage avec lequel il défendit sa capitale tant qu'il y resta pierre sur pierre; et nos sympathies sont plutôt pour le chef aztèque dévoué à l'indépendance de son pays que pour son heureux antagoniste, le représentant de la civilisation.
> PRESCOTT (liv. VI. Chap. III).
> L'exécution de Guatemozin (Cauhtémoc) fut une chose injuste et nous fûmes tous d'accord pour la blâmer.
> Bernal DIAZ (Hist. de la Conquista de Mexico. Chap. 177).

I

Les hommes au teint blanc, les fils blonds du soleil,
Ont défait maintes fois les hordes méxicaines;
Les ruisseaux ont changé leurs flots en sang vermeil
Et les morts par monceaux ont engraissé les plaines.

L'Empire avec terreur sent approcher sa fin ;
Cinq cent mille alliés cernent sa capitale ;
Les Aztèques, en proie à la peste, à la faim,
Attendent sans trembler la minute fatale.

Cauhtémoc a juré de mourir en guerrier ;
Il soutient ses sujets par son vaillant exemple ;
On le voit sans répit ou combattre ou prier,
Debout dans la bataille, à genoux dans le temple.

II

« Tout puissant Méxitli, daigne fixer les yeux
Sur ton peuple et son roi que l'étranger insulte ;
Il vient pour usurper les droits de nos aïeux,
Et sa religion va remplacer ton culte.

« Viens à notre secours et, demain, à tes pieds
Nous te sacrifierons les hommes au front pâle ;
Tu boiras à long traits le sang des alliés,
Nos chants se mêleront à leur douloureux râle.

« Des traîtres Tlaxcalans, nous t'offrirons les cœurs ;
Permets-nous Méxitli, de vaincre ces esclaves ;
Ou bien, s'il ne se peut que nous soyons vainqueurs,
Permets, du moins, ô dieu ! que nous mourions en braves ;

« Et qu'ayant épuisé nos suprêmes efforts
Pour défendre un instant nos croulantes murailles,
Nous tombions sur le dos, entre les tas de morts
Dont nos lances auront répandu les entrailles ! »

Le peuple, autour du roi, d'enthousiasme empli,
Se prosterne devant le colosse de pierre :
« Maître de la victoire, ô divin Méxitli !
Écoute Cauhtémoc, exauce sa prière ;

« De tes adorateurs, prends pitié sans retard,
Toi, dont le bouclier a protégé nos pères ;
Si tu daignes sur nous abaisser ton regard
Nous reverrons le cours de nos destins prospères ! »...

III

Or, le combat dura de l'aurore au coucher
Du soleil ; et Cortèz eut encor la victoire ;

Les Aztèques vaincus se laissèrent faucher
Sur le dernier quartier libre du territoire.

Aux mousquets n'opposant que leurs écus bombés,
Que pouvait espérer leur phalange immobile?
Autour de Cauhtémoc les meilleurs sont tombés
Lui faisant de leurs corps un rempart inutile....

Pauvre roi! que n'as-tu péri dans le combat,
Au milieu de ton peuple égorgé par la rage
Des vainqueurs; c'eût été la mort d'un vrai soldat
Un trépas glorieux eut payé ton courage!

Ah! la mort valait mieux que la captivité;
Tes yeux n'auraient pas vu sombrer ta capitale
Pendant que tes vainqueurs emplis d'avidité,
Se partageaient ton trône et la terre natale!

Tes yeux n'auraient pas vu la chute de tes dieux;
Tu n'aurais pas souffert cette torture infâme
Qui rend à tout jamais tes bourreaux odieux,
Mais qui sur leur bassesse a mis ta grandeur d'âme...

Dans un pays lointain, de tous abandonné,
Après trois ans bien longs d'un incessant martyre.
Tu mourras de la mort d'un traître, assassiné
Par celui dont le bras a conquis ton empire.

Les vautours affamés déchireront ta chair
Et tes os blanchiront longtemps sans sépulture,
Mais, justice du sort! un destin plus amer
Attend ton assassin et venge ta torture:

Pour noircir ses hauts faits, pour augmenter ses torts,
Contre lui vont hurler l'imposture et l'envie;
Dédaigné par ses rois, bourrelé de remords,
Il mourra triste et seul et lassé de la vie....

IV

A présent, tous les deux, Conquérant, Empereur,
Vous dormez dans la paix des demeures dernières;
Au charnier de la mort quelle est votre valeur?
Aux balances de Dieu, que pèsent vos poussières?

L'heureux aventurier, le monarque impuissant
N'ont pas encor trouvé leur place dans l'histoire ;
Sur le front de Cortèz, moi, je vois trop de sang
Et trop d'or dans ses mains pour lui laisser la gloire.

Même en faisant la part des erreurs d'autrefois,
Siècles de fanatisme et d'ignorance atroce
A mes yeux, Cauhtémoc expirant pour les droits
De son peuple, est plus grand que son vainqueur féroce !

Mexico. — 1884.

TORTURE DE CAUHTÉMOC

A GUSTAVE A. MONTAUDON

> On mit Guatemotzin à la torture, mais le héros qui avait vu la mort sous ses formes les plus terribles n'était pas homme à se laisser intimider par les souffrances physiques. Le roi de Tlacopan qu'on torturait en même temps que lui se laissait arracher des plaintes par la douleur. Guatemotzin le réprimanda et lui dit avec le plus grand sang-froid — « Et moi, suis-je donc à jouir des délices du bain ?... »
>
> PRESCOTT, OROZCO Y BERRA, etc.

Après tant de combats et de si grands efforts,
Les soldats de Cortèz sont déçus : Les décombres
De la ville détruite ont gardé les trésors
Des monarques méxis. Les mécontents très sombres
Pensent qu'à leurs dépens on a commis un dol ;
Ils pèsent leur butin, ils comptent leurs blessures :
Auront-ils donc versé leur bon sang espagnol

Torture de Cauhtémoc.

Pour obtenir si peu, malgré tant d'aventures?
Où donc est le butin convoité maintes fois:
Les vêtements des dieux couverts d'orfévreries,
Les mîtres d'argent fin, orgueil des anciens rois,
Les monceaux de joyaux, les tas de pierreries?...

On conte dans le camp que le chef des Méxis
A jeté dans le lac ces immenses richesses;
Pour fouiller, on ne sait hélas! rien de précis,
Sur le roi prisonnier menaces et caresses
Demeurent sans effet — « Si vous voulez mon sang,
Versez-le, leur dit-il, joyeux je vous le livre;
Malintzin[1], prends ta dague et me perce le flanc;
Puisque je suis vaincu, je n'ai plus droit de vivre...
Ce que vous avez pris n'est donc pas suffisant!
Qu'ai-je encore qui puisse exciter votre envie?
Mes vêtements royaux?... prenez... j'en fais présent
A celui qui voudra m'affranchir de la vie!»...

— « Où sont tous tes trésors?... réponds-nous, mauvais chien!
Où les as-tu cachés? crie un soldat farouche;

[1] Surnom que les Aztèques donnaient à Cortèz.

Torture de Cauhtémoc.

La question du feu, sur l'heure, saura bien
Te délier la langue et t'entr'ouvrir la bouche »...

. . . .

Les soldats ont saisi Cauhtémoc et le roi
De Tlacopan; Cortèz a permis leur supplice;
Mais sur leur fier visage on ne voit point d'effroi:
Les feux pourront arder sans que leur cœur faiblisse.

De leurs pieds nus, bientôt, les bourreaux castillans
Approchent des tisons, de l'étoupe enflammée;
Sur leur chair, qui se fend, on verse, à flots bouillants
De l'huile; l'air s'emplit d'une infecte fumée.

— « Révélez-nous l'endroit ou gisent les trésors, »
Disent les Espagnols. Les deux martyrs, très pâles,
Souffrent horriblement; malgré tous leurs efforts
Pour ne point se montrer faibles, quelques longs râles
S'échappent de leurs flancs.... un soupir contenu
Par instants, répond seul aux bourreaux pleins de rage;
Et l'huile, sans répit, ronge leurs nerfs à nu;
Le voile du trépas s'étend sur leur visage.

On les ranime encor; leur atroce douleur
Augmente; des fragments de chair tombent en croûtes;
Ils se tordent pareils à des vers, la sueur
D'angoisse, sur leur front, perle par grosses gouttes.

Les soldats se lassaient de meurtrir ces héros,
Quand le roi Tétlépan clama : — « Seigneur ! j'expire,
Je souffre trop, j'ai soif, j'entends craquer mes os,
Parlez, maître, prenez pitié de mon martyre ! »...

— « Tais-toi, dit Cauhtémoc, meurs ainsi que je meurs,
Sans un mot, sans un cri, dédaigneux des supplices;
Ami, me crois-tu donc étendu sur des fleurs,
Ou savourant au bain d'ineffables délices ? »

Le trésor des Méxis est perdu...... Les soldats
De Cortèz vainement ont épuisé leur rage :
Cauhtémoc les défie et ne leur répond pas,
Et le roi Tétlépan expire avec courage......

1889.

LA CHUTE DE TÉNUCHTITLAN

A JEAN LOUIS REGAGNON.

> Il mourut pendant le siège, deux cent quarante mille Aztèques y compris la fleur de la noblesse.
> IXTLILXOCHITL.
>
> Ainsi finit par succomber la célèbre capitale des Aztèques après un siège de près de trois mois, sans parallèle dans l'histoire par la constance et le courage des assiégés, et, rarement surpassé par leurs souffrances... sans parallèle, dis-je, par le courage des Aztèques, car ils préférèrent mourir jusqu'au dernier plutôt que de se rendre. PRESCOTT, (Livre V, chap. VIII).
>
> Les Espagnols justifièrent la prédiction des Aztèques, après avoir employé leurs alliés indigènes à détruire Ténuchtitlan ils les forcèrent à reconstruire la ville nouvelle. OROZCO Y BERRA (T. IV, chap. X).
>
> Le Mexique jeta le cri d'indépendance le 16 sep: 1810 et fut proclamé indépendant en 1821, 300 ans après la prise de Ténuchtitlan par Cortèz.

Ténuchtitlan n'est plus qu'un monceau de décombres;
Elle s'est engloutie au milieu des flots sombres
    De son lac plein de sang;

Ses derniers habitants sont morts pour la défendre,
Ses hauts faits, ses grandeurs et ses dieux sont en cendre,
        Son roi n'a plus de rang.

Temples hautains, palais, luxueux édifices
S'écroulent sous les coups des aveugles complices
        Des blancs victorieux;
S'alliant aux vainqueurs des rois méxis, dix races
Effacent en hurlant les éloquentes traces
        D'un peuple glorieux!

Ténuchtitlan n'est plus, mais la rage grossière
Des Tlaxcalans s'acharne encor sur la poussière
        Dernière de ses murs;
Leurs fratricides bras, unis pour la détruire
Réunis de nouveau, devront la reconstruire
        Pour ses destins futurs.

Ils ont anéanti la puissance rivale
De Tlaxcala; ligués pour la guerre fatale
        Sans cesse ils ont lutté;

Cortèz, vainqueur par eux, à présent les oublie,
Sous les murs méxicains, demeure ensevelie
    L'antique liberté !.....

L'âpre sort des Méxis qu'ils causent par leur haine
Doit être aussi le sort de tout peuple indigène ;
    Aux blancs seuls, les honneurs ;
Et, le jour est prochain où, comprenant leurs fautes,
Ils courberont le front sous le joug de leurs hôtes
    Devenus leurs seigneurs.

*

Noble Ténuchtitlan, dans la lutte suprême
Ta chute est glorieuse et digne de toi-même
    Par la valeur méxi :
Tu tombes, mais après trois mois de résistance,
Sublime d'héroïsme et de mâle constance,
    Sans demander merci.

Tes fils ont défendu, pierre à pierre, le reste
De tes splendeurs d'hier ; la famine et la peste
    N'ont pu les amener

A renoncer vivants à leur vieux territoire ;
Et, devant leur valeur, l'impartiale histoire
    Ne peut que s'incliner.

Ville de Méxitli ! tu devais disparaître,
Les temps sont révolus ; bientôt, tu vas renaître
    Plus belle qu'autrefois.
Puis, après trois cents ans de deuil et de servage,
Tes fils se lèveront armés de leur courage,
    Pour proclamer leurs droits.

Les vainqueurs espagnols, de défaite en défaite,
Verront en soupirant leur plus belle conquête
    S'échapper de leurs mains ;
Debout, alors, chantant ta défense tenace,
Tes bardes donneront à ton peuple sa place
    Dans les fastes humains !.....

México. — 1887.

A LA LIBERTÉ

A LÉON MANUEL

Ceux qui sont morts pour toi, pour ton nom, Liberté !
Doivent avoir leur place au fronton de l'histoire.
Qu'ils trouvent l'échafaud, qu'ils forcent la victoire,
Ils entrent en mourant dans l'immortalité !

Léguant un grand exemple à la postérité,
Indomptés ou vaincus ils méritent la gloire ;
Un peuple libre sait vénérer leur mémoire,
Et de tous, leur tombeau doit être respecté.

Pour l'avenir, jetant leur semence féconde,
Ou héros, ou martyrs, prédestinés d'un monde,
Du progrès éternel ils sont les ouvriers ;

Leur sang fera germer la sainte indépendance,
Les bardes inspirés chanteront leur vaillance,
Et les siècles pour eux cueilleront des lauriers.

México. — 1887.

LES RUINES

LES DIEUX MORTS[1]

A AUGUSTE FOURNIER

> Les conquérants espagnols ont cruellement détruit tout
> ce qui pouvait rappeler aux indigènes leurs anciens
> dieux et leur gloire passée.   Prescott.

Téocallis croulants, téopans en débris,
Rien ne vous reste plus de vos splendeurs divines;
Vous êtes tout couverts de lianes, d'épines,
Où sont vos autels d'or et vos riches lambris?
La couleuvre au dos noir habite vos ruines
Avec les scorpions et les chauves-souris.

---

[1] Cette pièce a eu l'honneur d'être traduite en espagnol par M. Manuel Puga y Acal, poète méxicain de beaucoup de talent; je me fais un plaisir de le remercier ici de sa traduction, certes bien supérieure à l'original.

Le fanatisme absurde et l'abjecte ignorance
Ont abattu vos murs, reliques d'un passé
Dont le voile sur vous s'est à jamais baissé ;
Vos secrets, vos trésors, votre magnificence
Dans la nuit ont rejoint le trône renversé
Des Méxis endormis dans l'éternel silence.

Temples de Méxitli! Palais de Tezcuco!
Lorsque la froide lune argente vos décombres,
Vous êtes visités par de lugubres ombres
Qui viennent en pleurant raconter à l'écho
Les souvenirs amers, les pressentiments sombres,
Que réveille en leur cœur le sort de México ;

Aussi, lorsqu'au matin l'aube éveille la plaine
Et verse ses clartés sur les prés et les fleurs,
Des bosquets pleins de nids montent au ciel des chœurs
Mêlés au doux parfum qu'exhale la verveine ;
Tout, alors, s'enrichit de brillantes couleurs
Vous seuls vous conservez, votre froideur hautaine.

J'aime votre admirable et triste majesté,
Votre charme éloquent incompris du vulgaire,

Vos fresques retraçant les hauts faits de naguère,
Votre calme imposant, votre sérénité,
Vos bas-reliefs, derniers vestiges d'une autre ère
Écrasés par le poids de leur antiquité!...

II

Le soir, sur le soleil, jette sa mante grise;
Pas un astre au zénith ne montre son point d'or;
Les coteaux vaguement estompent le décor,
La nuit descend des cieux sur la plaine indécise;
Le vent dans les palmiers passe et repasse encor
Pleurant les monuments que le temps pulvérise.

Dans les téocallis, les yeux ronds des hiboux
Luisent dans les recoins des salles ténébreuses;
Et, sur l'entassement des idoles poudreuses,
Ressuscitent les dieux dans l'immense remous
Des pierres se muant en images affreuses
Et des adorateurs fléchissant les genoux.

Le temple a retrouvé ses splendeurs abattues:
Les murs se sont refaits; toitures, escaliers,

Autels brisés, arceaux, poutres, dalles, piliers
Se reforment soudain; pendant que les statues
Nains difformes, géants, animaux singuliers,
Se lèvent, d'un manteau de mousse revêtues.

Un esprit créateur a passé lentement;
Ipalnémoani, l'invisible, l'essence,
Le but où tout finit, le point où tout commence,
Dans la nuit a parlé; de l'amoncellement
Des marbres en débris Quetzacoalt s'élance
Et Tezcatlipoca se dresse brusquement.

La bouche contractée en un rictus atroce,
Le sombre Méxitli, le grand dieu méxicain,
Se relève à son tour; d'un pas ferme et hautain
Il marche vers son trône; effroyable colosse
Il demande à grands cris un sacrifice humain,
Dans ses yeux injectés luit un éclair féroce.

Retenant d'une main son bouclier puissant,
Il agite sa lance avec un air farouche;

Son pied gauche couvert de plumes d'oiseau-mouche
Contraste avec son corps tout barbouillé de sang
Et, comme s'il vivait du souffle de sa bouche,
Autour de lui s'enroule un dragon menaçant.

Tout dans le temple, alors, vit et reprend sa place ;
L'astre pâle du soir, la rêveuse Meztli,
Tlaloc, le dieu des eaux, le pêcheur Opochtli,
L'alerte Micoatl déesse de la chasse
S'éveillent en sursaut ; de tout coin, de tout pli,
Sort un dieu qui renaît juvénile et vivace.

De fleurs et de présents les autels sont parés,
Et l'on va procéder au sanglant sacrifice :
Un grand cri !.... la victime a subi son supplice,
On arrache le cœur de ses flancs déchirés
Et, pour que Méxitli soit au peuple propice,
Un prêtre le lui porte entre ses doigts sacrés ..

L'odeur âcre des corps qu'on partage, se mêle
Aux capiteux parfums brûlés aux pieds des dieux ;

---

[1] De la, son nom Huitzilipochtli, Huitzili veut dire oiseau-mouche.

Flûtes, tambours, hautbois en flots mélodieux
Se mêlent emplissant la voûte solennelle ;
Et les rois inclinant leur sceptre radieux,
Touchent du front la pierre, où le sang chaud ruisselle.

Mais, l'ombre diminue et devant l'aube, fuit ;
Chaque idole vacille et dans la poudre roule ;
Aux premières clartés de l'aurore la foule
Des dieux et des rois morts s'enfonce dans la nuit ;
Et, sur le temple noir qui lentement s'écroule,
Le vent seul, en passant, éveille quelque bruit.....

Cholula. — 1883.

LA TRISTESSE DE L'IDOLE

A ERNEST RENAN

> Les premiers habitants du Yucatan furent des géants. La tradition paraît corroborée par les Pyramides d'Itzamal, les hautes marches des escaliers des monuments et les grands ossements trouvés dans les tombeaux de la péninsule yucatèque.
> Une émigration considérable venue de l'Occident envahit le Yucatan vers l'an 695 avant J. C.
> Avec ces émigrants venait un homme nommé Zamna ou Itzamna. Zamna était à la fois prêtre, législateur et thaumaturge.
> Son nom est une contraction des mots mayas « Itz caan » ou « Yitzen caan » qui veulent dire « je suis la rosée, la substance du ciel.
> Il fonda une monarchie dont la capitale fut Itzamal (rosée quotidienne du ciel). Il instruisait les peuples, guérissait les malades, ressuscitait les morts et prédisait l'avenir.
> Il fut déifié.
> (Sahagun — Cogolludo — Clavigero — Orozco y Berra — Chavero).

Au cœur d'une forêt profonde et séculaire,

Où ne règne jamais qu'un jour crépusculaire

    Par les feuillages tamisé,

La Tristesse de l'Idole.

Une idole oubliée, une image de pierre,
Rêve, triste, au milieu d'une étroite clairière,
    Sur son socle à demi brisé.

Autour d'elle, les fleurs cachent d'étranges marbres,
Des piliers de granit, pareils à des troncs d'arbres,
    Que les serpents frôlent sans bruit,
De grands entablements, des fragments de statues,
Des bas-reliefs brisés, des portes abattues,
    Vestiges d'un temple détruit.

Sur ces débris noircis, moussus, verdis par l'herbe,
Sans prêtre et sans autel, le colosse superbe
    Demeure dans sa majesté;
Au-dessus de son front les calandres babillent,
Des volubilis bleus l'enlacent et l'habillent
    De leur estivale beauté.

Ses cheveux sont ornés de minces bandelettes,
Il porte autour du cou deux colliers d'amulettes
    Et de silex lancéolés;

Assis, les pieds croisés, les mains à la poitrine,
Il semble conserver sur sa face chagrine
    Le regret des jours écoulés.

Sublime de laideur, en sa face terreuse,
Chaque œil, sous le sourcil, profondément se creuse
    Et lance un regard ténébreux.
Le nez grand, très arqué, lui donne un air farouche,
Et, telle une blessure, on voit sa large bouche
    Se fendre en un rictus affreux.

Ainsi, dans la clarté des chauds midis, l'idole
Sous un segment de ciel qui d'azur l'auréole
    Et vernit son porphyre roux,
Dort tranquille, gardant sa pose énigmatique,
Ses yeux semblent sonder la forêt extatique,
    Et l'infini remplit leurs trous.

    * *

Une nuit, au milieu des monceaux de décombres,
Dans son encadrement de lueurs, de pénombres,
    Dans la sérénité des bois,

La Tristesse de l'Idole.

L'idole tressaillit et, sous les cieux funèbres,
On l'entendit soudain déchirer les ténèbres
    Des éclats aigus de sa voix :

« O nuit ! je suis Zamna ! Des peuples intrépides,
Jadis, pour m'honorer, firent des pyramides
    De mon front j'éventrai les cieux ;
J'eus des temples d'argent, d'onyx et de porphyre,
L'univers me semblait petit pour me suffire,
    Et je chantais, tout radieux :

« Je suis Zamna, Zamna, l'éternelle rosée,
« La terre est par ma force au loin fertilisée,
    « Je suis le père des moissons :
« Agavés, acajous, maïs blonds et hauts frênes
« Naissent de moi ; par moi, l'herbe couvre les plaines,
    « J'ai des forêts pour nourrissons !

« Je suis principe et fin ; je suis l'homme et la femme ;
« Je suis la terre et l'eau ; le froid, le vent, la flamme ;
    « J'ai toutes les fécondités.

La Tristesse de l'Idole.

« Je suis l'espace et l'air ; je suis monstre et fantôme,
« Le roi sous les lambris, l'esclave sous le chaume,
    « M'ont forcément à leurs côtés.

« De moi coule la vie ainsi qu'un vaste fleuve ;
« A ma bouche-océan le monde entier s'abreuve,
    « Je suis la génération ;
« Je palpite sans fin, dans le rut des panthères,
« Dans les sèves des bois, dans le ventre des mères
    « Dans toute la création ».....

« Aujourd'hui, je suis morne, oublié, solitaire ;
Mes frères, un par un, ont tous quitté la terre,
    Je reste les pieds pris au sol ;
Et moi, dieu des berceaux, dieu des nids et des tombes,
Je soupire, en voyant chaque jour les palombes
    Dans le ciel bleu prendre leur vol.

« O tristesse ! jadis, assis sur ma colline,
Je voyais sous mes pieds la plaine qui s'incline
    Par pentes douces vers la mer ;

Je regardais mourir les vagues sur les grèves,
Et, bercé par leur chant, je faisais de longs rêves
    Dans la transparence de l'air.

« A présent, la forêt plusieurs fois séculaire,
De ses arbres formant un carcan tutélaire,
    M'enferme dans sa frondaison ;
Les cédrels, les yuccas consolident ma base,
Mais rien ne vient troubler mon immobile extase
    Et mes yeux n'ont plus d'horizon......

« O dieux ! je fus un dieu ! Quand le flot du déluge
Prit l'amphore des mers pour s'en faire un refuge,
    Quand les monts surgirent des eaux,
Quand le premier palmier s'échevela, superbe,
Et que l'on vit sortir de la boue un brin d'herbe
    Et du ciel les petits oiseaux,

« L'homme apparut... timide, il allait par le monde,
Cherchant, tremblant de peur, les coins laissés par l'onde ;
    Écrasé par l'immensité,

La Tristesse de l'Idole.

Ils se créa des dieux de sang et de mystère,
Et les dieux, brusquement, régnèrent sur la terre
    Et domptèrent l'humanité......

« J'étais chef d'un troupeau d'hommes; venus de l'ombre,
Vers l'ombre nous allions; une puissance sombre
    Nous poussait toujours en avant.....
Je fondais pour mon peuple une imposante ville
Quand la mort me jeta dans la tombe tranquille
    Tel, un jonc que brise le vent.

« On me fit dieu! mes os, mes débris, ma poussière
Furent sacrés; je fus la vie et la lumière;
    On m'érigea des monuments;
Au lieu du grand repos, j'eus des apothéoses,
On m'offrit des enfants, des femmes et des roses,
    Je devins roi des cieux cléments!

« Horreur! horreur! horreur! mes frères et ma race
Passèrent, me laissant pour signaler leur trace
    Et sombrèrent dans le néant;

Moi, je restai, pensif, comme un emblême austère,
Songeant à mes grands jours, enchaîné par la terre,
    Entre le ciel et l'océan.....

« Des peuples ont touché mes genoux de leurs lèvres,
Je les ai vus tomber dévorés par les fièvres;
    S'entretuer dans les combats;
Verser leur sang à flots pour célébrer mon culte;
Ou, tremblants et craignant quelque puissance occulte,
    Lever vers moi leurs faibles bras.

« J'ai vu les Itzaés, les Mayas, les Olmèques,
Les Xicalans, les Chols, les Quichés, les Toltèques
    Et les Aztèques tour à tour;
Vingt races étalant cette infime puissance
Qu'on élève en cent ans et que l'orgueil encense
    Et qui s'écroule en un seul jour.

« Puis la nuit a caché ma gloire temporelle;
La forêt a surgi d'une semence frêle
    Apportée ici par le vent;

La Tristesse de l'Idole.

J'ai vu choir mes autels, s'écraser mes portiques,
S'en aller en débris mes attributs mystiques
  Et mourir mon dernier fervent.....

« Terre et cieux! océan! jour brillant; vous, étoiles,
Mondes morts, et toi, nuit qui rêves sous tes voiles,
  Répondez-moi, sur quels essieux
Tournez-vous, sans sombrer dans le chaos énorme?
Qui vous guide au milieu de tant d'écueils sans forme?
  Existe-t-il encor des dieux? »

* * *

Et l'idole se tut. Sur sa tête embrasée
Les arbres par longs pleurs versèrent la rosée.
  La montagne entière trembla;
Les astres, de points d'or piquèrent les cieux calmes,
Le vent bruit au loin, et, secouant ses palmes,
  La forêt antique parla:

« Tais-toi, Zamna, tais-toi! Que servent tes blasphèmes?
Pourquoi nous proposer d'insondables problèmes
  Et pleurer ton éternité?

Débris mort d'un temps mort, mystère de porphyre,
Pourquoi gémir, pourquoi rêver, pourquoi maudire?
    Dors dans ta rude majesté.....

« Dors sous mes acajous, laisse que les années
L'une après l'autre, ainsi que des feuilles fanées,
    Roulent au gouffre de l'oubli;
Quand ton front tombera, quand tu seras poussière,
Tu revivras au sein profond de la matière
    Où tout doit être enseveli.

« Il faut que dans la mort chaque chose s'endorme,
Pour renaître plus tard et sous une autre forme
    Éclore, aimer, croître et pâtir.
Ton porphyre, ô géant! n'est pas indestructible
Un jour, tu connaîtras l'abîme irrésistible
    Où nous devons tous aboutir.

« Tu connaîtras la nuit, la nuit que rien n'évite;
Autour d'elle, l'esprit humain tourne et gravite
    Pour y sombrer fatalement;

Ton immortalité n'est qu'orgueil et mensonge,
Ton passé, ton présent s'en iront comme un songe
    Dans un subit écroulement.

« Tu n'es plus rien ! Les dieux n'étaient que des fantômes ;
Ils passent tour à tour avec ces vains atomes
    Qui composent l'humanité.
La mère aux vastes flancs, à la douce mamelle,
La nourrice de tous, la nature éternelle
    Est le seul dieu de vérité ! »

México, Juillet 1887.

NOX

Ainsi que le plongeur qui sort du gouffre amer
Et s'asseoit un moment sur le sable des plages,
Après avoir sondé l'âpre fond de la mer
Où parmi les coraux s'entassent les naufrages,
Je reviens de la nuit des temps morts, et mes yeux
Fatigués du mystère et des choses passées,
Comme ceux du plongeur, se lèvent vers les cieux
Et remplissent d'azur leurs prunelles lassées.

Après tant de fracas, quelle tranquillité!
Que de calme en ce ciel! que de paix en mon âme!
Le soir fait s'endormir le flot illimité,
Et d'un phare lointain, je vois briller la flamme.

Dans l'ombre d'où je viens, au hasard j'ai marché;
Dieu! pivot éternel sur qui tourne le monde,
Dans la nuit de l'histoire en vain je t'ai cherché,
Et, pourtant, c'est sur toi, que l'histoire se fonde!

Nuit des peuples vaincus, des soleils obscurcis,
J'ai voulu soulever quelques instants ton voile ;
J'ai montré la splendeur et la mort des Méxis ;
Le voile est retombé..... Je n'avais pas l'étoile
Qui, brillant au ciel noir, éclaire le chemin
Où marchent à pas lents le penseur, le poète
Qui fouillent les caveaux où dort le genre humain;
Pour moi, l'astre est sans feux et la tombe est muette.

Cette étoile, Seigneur! c'est peut-être la foi,
La confiance innée en toi, puis en soi-même,
Qui fait qu'on peut répondre aux éternels pourquoi
Et qu'on ne trouve pas d'insondable problème :

De tout étant le but, étant la fin de tout,
Tu sers de piédestal, de voûte, de colonne,
Tout s'explique par toi, l'on te rencontre au bout.
Des degrés que la nuit l'un sous l'autre échelonne.

Toute puissance est là : croire, croire et prier !
On se sent plein d'audace, on descend, on remonte,
On donne à l'un la palme, à l'autre le laurier,
A celui-ci la gloire, à celui-là la honte.

Moi, je reviens pensif de l'abîme sans fond ;
N'osant rien préjuger en mon âme interdite,
Je laisse les humains au vain fracas qu'ils font
Et, le front soucieux, je rêve et je médite.

. . . .
. . . .

A quoi bon soulever encor, gouffre béant
La cendre que chaque âge entasse sur ta route ?
On la pèse, on n'y voit qu'orgueil et que néant !
Et de tes profondeurs on rapporte le doute.....

Paris, Mars 1889.

TABLE DES MATIÈRES

	Pages
LETTRE-PRÉFACE DE CLOVIS HUGUES.	I
A mon Père.	I
AVANT-PROPOS	5

LES LÉGENDES

La Genèse aztèque	29
Les cinq soleils cosmogoniques	35
Les Géants	47
Les Races perdues.	64

LES MEXIS

Migrations	73
Le Temple	86

	Pages.
Amours de Volcans.	92
Le sacre de Moteuczoma Ilhuicamina	96
Les Vieillards.	109
Les Funérailles de Tizoc.	114
Jeunes filles aztèques	122
Tultécatl.	125
Lizzouli.	132
La vallée de Ténuchtitlan vers 1519	141
Moteuczoma Xocoyotzin	149

LA CONQUÊTE

Les Conquérants.	163
La mort de Moteuczoma Xocoyotzin	171
Cuitlahuac.	178
A l'arbre de la Nuit Triste	191
La Bataille d'Otumba.	194
Mort de Cuitlahuac.	203
La chanson de Cauhtémoc	206
La vision de Cortèz	209
Cauhtémoc.	214
Torture de Cauhtémoc	220
La chute de Ténuchtitlan	224
A la Liberté	228

Table des Matières.

Pages.

LES RUINES

Les dieux morts	233
La tristesse de l'Idole	239
Nox	250

www.ingramcontent.com/pod-product-compliance
Lightning Source LLC
Chambersburg PA
CBHW050657170426
43200CB00008B/1322